Dulces Delicias
El Arte Maestro de la Repostería Creativa

Valentina Morales

CONTENIDO

Pastel de café 11
pastel de café streusel 12
Pastel de granja goteando 13
Pan de jengibre americano con salsa de limón 14
Pan de jengibre con café 16
Pastel de crema de jengibre 17
Pastel de jengibre de Liverpool 18
Pan de jengibre con avena 19
pan de jengibre pegajoso 21
Pan de jengibre integral 22
Tarta de miel y almendras 23
Pastel helado de limón 24
Anillo de té helado 25
pastel de manteca 27
Pastel de manteca con semillas de alcaravea 29
Pastel marmoleado 30
Pastel de capas de Lincolnshire 31
pastel de pan 32
pastel de mermelada 33
Pastel de semilla de amapola 35
Tarta de yogur natural 36
Pastel de ciruelas y nata 37
Tarta de frambuesa con glaseado de chocolate 39
Mantecada 40

pastel de rana	41
Pastel de anillos especiados	42
Pastel de capas picante	43
Pastel de azúcar y canela	44
Pastel de té victoriano	45
Tarta de frutas todo en uno	46
Tarta de frutas todo en uno	47
Pastel de frutas australiano	48
rico pastel americano	49
Pastel de algarroba	51
Pastel de frutas de café	52
Pastel pesado de Cornualles	54
pastel de grosellas	55
Pastel de frutos negros	56
Pastel impresionante	58
pastel de dundee	59
Pastel de frutas sin huevo durante la noche	61
Pastel de frutas infalible	62
Pastel de frutas con jengibre	64
Pastel de frutas con miel de granja	65
pastel de génova	67
Pastel de frutas congelado	69
pastel de frutas Guinness	70
pastel de carne picada	71
Tarta de avena y frutas de albaricoque	72
Pastel de frutas durante la noche	73
Pastel de pasas y especias	74

pastel de richmond 75

Pastel de frutas con azafrán 76

Pastel de frutas con soda 78

pastel de frutas rapido 79

Pastel de frutas con té caliente 80

Pastel de frutas con té frío 81

Tarta de frutas sin azúcar 82

Pequeños pasteles de frutas 84

Pastel de frutas con vinagre 85

Pastel de whisky Virginia 86

Pastel de frutas galés 87

Tarta de frutas blancas 88

tarta de manzana 89

Tarta de manzana picante y crujiente 90

tarta de manzana americana 91

Torta de compota de manzana 92

pastel de sidra de manzana 93

Tarta de manzana y canela 94

tarta de manzana española 95

Tarta de manzana y pasas 97

Tarta de manzana al revés 98

pastel de pan de albaricoque 100

Pastel de albaricoque y jengibre 101

pastel de albaricoque 102

Pastel de platano 103

Pastel de plátano crujiente 104

Hongo de plátano 105

Pastel de plátano rico en fibra 106

Tarta de plátano y limón 107

Pastel De Plátano Y Chocolate Con Licuadora 108

Pastel de plátano y maní 109

Tarta todo en uno de plátano y pasas 110

Tarta de plátano y whisky 111

pastel de arándanos 112

Tarta de huesos de cereza 113

Pastel de cereza y coco 114

Tarta de cerezas y sultana 115

Pastel helado de cereza y nueces 116

Pastel de durazno 118

Tarta de naranja y marsala 119

Tarta de melocotón y pera 121

Pastel suave de piña 122

Tarta de piña y cereza 123

Tarta natal de piña 124

piña al revés 125

Tarta de piña y nueces 126

pastel de frambuesa 127

Pastel de ruibarbo 128

Pastel de miel y ruibarbo 129

Pastel de remolacha roja 130

Pastel de zanahoria y plátano 131

Tarta de zanahoria y manzana 132

Pastel de zanahoria y canela 133

Tarta de zanahoria y calabacín 134

Pastel de zanahoria y jengibre	135
Tarta de zanahoria y nueces	137
Tarta de zanahoria, naranja y nueces	138
Tarta de zanahoria, piña y coco	139
Tarta de zanahoria y pistacho	140
Tarta de zanahoria y nueces	141
Pastel de zanahoria especiado	142
Pastel de zanahoria con azúcar moreno	144
Tarta de calabacín y tuétano	146
Tarta de calabacín y naranja	147
Pastel de calabacín picante	148
Pastel de calabaza	150
Tarta de calabaza con fruta	151
Rollo de calabaza y especias	152
Ruibarbo y pan de jengibre	154
pastel de batata	155
pastel de almendras italiano	157
Tarta de almendras y café	158
Almendras y pan de jengibre	159
Tarta de almendras y limón	160
Pastel de naranja y almendras	161
Rica tarta de almendras	162
Pastel de macarrones sueco	163
pan de coco	164
tarta de coco	165
pastel de coco dorado	166
Pastel con cubierta de coco	167

Tarta de coco y limón 168
Pastel de coco de año nuevo 169
Pastel de pasas de coco 170
Tarta crujiente de nueces 171
Pastel mixto de nueces 172
pastel de nueces griego 173
Tarta de nueces glaseada 175
Tarta de nueces con crema de chocolate 176
Pastel de miel, canela y nueces 176
Barras de miel y almendras 177
Barritas crujientes de manzana y grosella negra 180
Barritas de albaricoque y avena 181
Crujientes de albaricoque 182
Barras de plátano y nueces 183
brownies americanos 184
Brownies de chocolate fudge 185
Brownies de nueces y chocolate 186
barras de mantequilla 187
Bandeja para horno de caramelo y cerezas 188
plato con chispas de chocolate 189
Capa de crumble de canela 190
Barras pegajosas de canela 191
barras de coco 192
Barras de sándwich con coco y mermelada 193
Bandeja de dátiles y manzanas 194
Rodajas de dátiles 195
Barras de dátiles de la abuela 196

Barritas de dátil y avena 197

Barras de dátiles y nueces 198

palitos de higo 199

Flapjacks 200

Flapjacks de cereza 201

Flaps de chocolate 202

Flapjacks de frutas 203

Flaps de frutas y nueces 204

Flapjacks de jengibre 205

Flapjacks de avellana 206

galletas de mantequilla de limón 207

Cuadritos de moca y coco 208

Hola muñecas Dolly 210

Barras de coco, chocolate y nueces 211

Cuadritos de avellana 212

Rodajas de nuez y naranja 213

Estacionamiento 214

Barras de mantequilla de cacahuete 215

Rebanadas de picnic 216

Barras de coco y piña 217

Pastel de ciruela 219

Pastel de café

Hace un pastel de 20 cm

100 g/4 oz/½ taza de mantequilla o margarina, ablandada

100 g/4 oz/½ taza de azúcar en polvo (súper fina)

2 huevos, ligeramente batidos

2,5 ml/½ cucharadita de esencia (extracto) de café o café negro fuerte

150 g/5 oz/1¼ tazas de harina con levadura (con levadura)

2,5 ml/½ cucharadita de levadura en polvo

Glaseado de mantequilla de café

30 ml/2 cucharadas. nueces mixtas picadas (opcional)

Batir la mantequilla o margarina y el azúcar hasta que estén suaves y esponjosos. Agrega poco a poco los huevos y la esencia de café, luego agrega la harina y la levadura en polvo. Divida en dos moldes para sándwich de 20 cm/8 engrasados y forrados y hornee en un horno precalentado a 160 °C/325 °F/termostato de gas 3 durante 20 minutos hasta que esté suave al tacto. Deje enfriar en los moldes durante 4 minutos, luego colóquelo sobre una rejilla para terminar de enfriar. Untar los bizcochos con la mitad del glaseado de crema de mantequilla, luego esparcir el resto encima y cortar en motivos con un tenedor. Espolvorea con nueces si lo deseas.

pastel de café streusel

Hace un pastel de 20 cm

50 g/2 oz/¼ taza de mantequilla o margarina, ablandada

100 g/4 oz/½ taza de azúcar en polvo (súper fina)

1 huevo, ligeramente batido

10 ml/2 cdas. cucharadita de esencia de café (extracto)

100 g/4 oz/1 taza de harina con levadura (con levadura)

Una pizca de sal

75 g/3 oz/½ taza de pasas (pasas doradas)

60 ml/4 cucharadas de leche Para el relleno:

50 g/2 oz/¼ taza de mantequilla o margarina

30 ml/2 cucharadas. cucharadas de harina común (para todo uso)

75 g/3 oz/1/3 taza de azúcar moreno suave

10 ml/2 cdas. cucharadita de canela molida

50 g/2 oz/½ taza de nueces mixtas picadas

Batir la mantequilla o margarina y el azúcar hasta que estén suaves y esponjosos. Agrega poco a poco el huevo y la esencia de café, luego agrega la harina y la sal. Agregue las pasas y suficiente leche para obtener una consistencia suave.

Para hacer el relleno, unte mantequilla o margarina con la harina, el azúcar y la canela hasta que la mezcla parezca pan rallado. Agrega las nueces. Espolvorear la mitad del relleno en el fondo de un molde para bizcocho de 20 cm engrasado y forrado. Vierta la mezcla para pastel y espolvoree con la cobertura restante. Hornee en un horno precalentado a 220 °C/425 °F/termostato de gas 7 durante 15 minutos hasta que suba y esté suave al tacto.

Pastel de granja goteando

Hace una tarta de 18 cm.

225 g/8 oz/1 1/3 tazas de frutos secos mixtos (mezcla para pastel de frutas)

75 g/3 oz/1/3 taza de caldo de res (manteca vegetal)

150 g/5 oz/2/3 taza de azúcar moreno suave

250 ml/8 fl oz/1 taza de agua

225 g/8 oz/2 tazas de harina integral (integral)

5 ml/1 cucharadita de levadura en polvo

2,5 ml/½ cucharadita de levadura en polvo (levadura en polvo)

5ml/1 cdta. cucharadita de canela molida

Una pizca de nuez moscada rallada

Una pizca de clavo molido

Lleve a ebullición la fruta, la grasa, el azúcar y el agua en una cacerola de fondo grueso y cocine a fuego lento durante 10 minutos. Dejar enfriar. Coloque los ingredientes restantes en un bol, luego vierta la mezcla derretida y mezcle suavemente. Vierta en un molde para pastel de 18 cm/7 cm engrasado y forrado y hornee en un horno precalentado a 180 °C/350 °F/termostato 4 durante 1 hora y 30 minutos, hasta que suba bien y se encoja de los lados del molde.

Pan de jengibre americano con salsa de limón

Hace un pastel de 20 cm

225 g/8 oz/1 taza de azúcar en polvo (súper fina)

50 g/2 oz/¼ taza de mantequilla o margarina, derretida

30 ml/2 cdas de almíbar negro (almíbar)

2 claras de huevo, ligeramente batidas

225 g/8 oz/2 tazas de harina común (para todo uso)

5 ml/1 cucharadita de levadura en polvo (levadura en polvo)

5ml/1 cdta. cucharadita de canela molida

2,5 ml/½ cucharadita de clavo molido

1,5 ml/¼ cucharadita. cucharadita de jengibre molido

Una pizca de sal

250 ml/8 fl oz/1 taza de suero de leche

Para la salsa:

100 g/4 oz/½ taza de azúcar en polvo (súper fina)

30 ml/2 cucharadas de maicena (maicena)

Una pizca de sal

Una pizca de nuez moscada rallada

250 ml/8 fl oz/1 taza de agua hirviendo

15 g/½ oz/1 cucharadita. cucharada de mantequilla o margarina

30 ml/2 cucharadas de jugo de limón

2,5 ml/½ cucharadita. cucharadita de piel de limón finamente rallada

Mezclar azúcar, mantequilla o margarina y melaza. Agrega las claras, mezcla la harina, el bicarbonato de sodio, las especias y la sal. Alternativamente, agregue la mezcla de harina y suero de leche a la mezcla de mantequilla y azúcar hasta que se combinen. Vierta en un molde para pastel de 20 cm/8 pulgadas engrasado y enharinado y hornee en el horno precalentado a 200 °C/400 °F/termostato 6 durante 35 minutos, hasta que al insertar un palillo en el centro, éste salga limpio. Deje enfriar durante 5 minutos en el molde antes de desmoldar sobre una rejilla para terminar de enfriar. El bizcocho se puede servir frío o tibio.

Para hacer la salsa, pon el azúcar, la maicena, la sal, la nuez moscada y el agua en una cacerola pequeña a fuego lento y revuelve hasta que estén bien combinados. Cocine a fuego lento, revolviendo, hasta que la mezcla esté espesa y clara. Agregue la mantequilla o margarina y el jugo y la ralladura de limón y cocine hasta que se combinen. Vierta el pan de jengibre para servir.

Pan de jengibre con café

Hace un pastel de 20 cm

200 g/7 oz/1¾ tazas de harina con levadura (con levadura)

10 ml/2 cdas. cucharadita de jengibre molido

10 ml/2 cdas. cucharadita de café instantáneo en gránulos

100 ml/4 fl oz/½ taza de agua tibia

100 g/4 oz/½ taza de mantequilla o margarina

75 g/3 oz/¼ taza de almíbar dorado (maíz claro)

50 g/2 oz/¼ taza de azúcar moreno suave

2 huevos batidos

Mezclar la harina y el jengibre. Disolver el café en agua caliente. Derretir la margarina, el almíbar y el azúcar y mezclar con los ingredientes secos. Mezclar café y huevos. Vierta en un molde para pastel (molde) de 20 cm/8 pulgadas engrasado y forrado y hornee en un horno precalentado a 180 °C/350 °F/termostato 4 durante 40-45 minutos, hasta que suba y esté suave al tacto.

Pastel de crema de jengibre

Hace un pastel de 20 cm

175 g/6 oz/¾ taza de mantequilla o margarina, ablandada

150 g/5 oz/2/3 taza de azúcar moreno suave

3 huevos, ligeramente batidos

175 g/6 oz/1½ tazas de harina con levadura (con levadura)

15 ml/1 cucharada de jengibre molido Para decoración:

150 ml/¼ pt/2/3 taza de crema doble (espesa)

15ml/1 cdta. cucharadas de azúcar glas (de confitería) de azúcar, tamizada

5ml/1 cdta. cucharadita de jengibre molido

Batir la mantequilla o margarina y el azúcar hasta que estén suaves y esponjosos. Agrega poco a poco los huevos, luego la harina y el jengibre y mezcla bien. Divida en dos moldes para sándwich de 20 cm/8 engrasados y forrados y hornee en un horno precalentado a 180 °C/350 °F/termostato de gas 4 durante 25 minutos, hasta que esté bien levado y elástico al tacto. Dejar enfriar.

Batir la nata con el azúcar y el jengibre hasta que esté firme y luego utilizarla para unir los pasteles.

Pastel de jengibre de Liverpool

Hace un pastel de 20 cm

100 g/4 oz/½ taza de mantequilla o margarina

100 g/4 oz/½ taza de azúcar demerara

30 ml/2 cucharadas. cucharada de almíbar dorado (maíz claro)

225 g/8 oz/2 tazas de harina común (para todo uso)

2,5 ml/½ cucharadita de levadura en polvo (levadura en polvo)

10 ml/2 cdas. cucharadita de jengibre molido

2 huevos batidos

225 g/8 oz/11/3 tazas de pasas (pasas doradas)

50 g/2 oz/½ taza de jengibre confitado (confitado), picado

Derretir la mantequilla o margarina con el azúcar y el almíbar a fuego lento. Retirar del fuego y agregar los ingredientes secos y los huevos y mezclar bien. Agregue las pasas y el jengibre, vierta en un molde para pastel cuadrado de 20 cm/8 pulgadas engrasado y forrado y hornee en un horno precalentado a 150 °C/300 °F/termostato 3 durante 1 hora y 30 minutos hasta que esté elástico. El bizcocho puede hundirse un poco en el medio. Déjalo enfriar en el formulario.

Pan de jengibre con avena

Hace un pastel de 35 x 23 cm/14 x 9 pulgadas

225 g/8 oz/2 tazas de harina integral (integral)

75 g/3 oz/¾ taza de copos de avena

5 ml/1 cucharadita de levadura en polvo (levadura en polvo)

5 ml/1 cucharadita de crémor tártaro

15 ml/1 cucharada de jengibre molido

225 g/8 oz/1 taza de mantequilla o margarina

225 g/8 oz/1 taza de azúcar moreno suave

Mezcle la harina, la avena, el bicarbonato de sodio, el crémor tártaro y el jengibre en un bol. Frote con mantequilla o margarina hasta que la mezcla parezca pan rallado. Agrega el azúcar. Presione la mezcla en un molde para pastel engrasado de 35 x 23 cm/14 x 9 y hornee en un horno precalentado a 160 °C/325 °F/termostato 3 durante 30 minutos hasta que se dore. Cortar en cuadritos aún calientes y dejar enfriar completamente en el molde.

Galletas de jengibre de naranja

Hace una tarta de 23 cm.

450 g/1 lb/4 tazas de harina común (para todo uso)

5ml/1 cdta. cucharadita de canela molida

2,5 ml/½ cucharadita. cucharadita de jengibre molido

2,5 ml/½ cucharadita de levadura en polvo (levadura en polvo)

175 g/6 oz/2/3 taza de mantequilla o margarina

175 g/6 oz/2/3 taza de azúcar en polvo (superfina)

75 g/3 oz/½ taza de cáscara de naranja confitada (confitada), picada

Piel rallada y jugo de ½ naranja grande

175 g/6 oz/½ taza de almíbar dorado (maíz claro), calentado

2 huevos, ligeramente batidos

un poco de leche

Mezcle la harina, las especias y el bicarbonato de sodio, luego agregue la mantequilla o margarina hasta que la mezcla parezca pan rallado. Agrega el azúcar, la piel de naranja y la ralladura, luego haz un hueco en el centro. Agregue el jugo de naranja y el almíbar tibio, luego bata los huevos hasta que estén suaves y esponjosos, agregando un poco de leche si es necesario. Batir bien, luego verter en un molde para pastel cuadrado engrasado de 23 cm/9 cm y hornear en un horno precalentado a 160 °C/325 °F/termostato de gas 3 durante 1 hora, hasta que esté bien levado y elástico al tacto.

pan de jengibre pegajoso

Rinde un pastel de 25 cm/10 pulgadas

275 g/10 oz/2½ tazas de harina común (para todo uso)

10 ml/2 cdas. cucharadita de canela molida

5 ml/1 cucharadita de levadura en polvo (levadura en polvo)

100 g/4 oz/½ taza de mantequilla o margarina

175 g/6 oz/½ taza de almíbar dorado (maíz claro)

175 g/6 oz/½ taza de melaza (melaza)

100 g/4 oz/½ taza de azúcar moreno suave

2 huevos batidos

150 ml/¼ pt/2/3 taza de agua caliente

Mezcla la harina, la canela y el bicarbonato de sodio. Derretir la mantequilla o margarina con el almíbar, la melaza y el azúcar y verter en los ingredientes secos. Agrega los huevos y el agua y mezcla bien. Vierta en un molde cuadrado de 25 cm/10 engrasado y forrado. Hornee en un horno precalentado a 180 °C/350 °F/termostato de gas 4 durante 40-45 minutos hasta que haya subido bien y esté elástico al tacto.

Pan de jengibre integral

Hace una tarta de 18 cm.

100 g/4 oz/1 taza de harina común (para todo uso)

100 g/4 oz/1 taza de harina integral (integral)

50 g/2 oz/¼ taza de azúcar moreno suave

50 g/2 oz/1/3 taza de pasas (pasas doradas)

10 ml/2 cdas. cucharadita de jengibre molido

5ml/1 cdta. cucharadita de canela molida

5 ml/1 cucharadita de levadura en polvo (levadura en polvo)

Una pizca de sal

100 g/4 oz/½ taza de mantequilla o margarina

30 ml/2 cucharadas. cucharada de almíbar dorado (maíz claro)

30 ml/2 cdas de almíbar negro (almíbar)

1 huevo, ligeramente batido

150 ml/¼ pt/2/3 taza de leche

Mezclar los ingredientes secos. Derretir mantequilla o margarina con almíbar y melaza y agregar los ingredientes secos con los huevos y la leche. Vierta en un molde para pastel de 7/18 cm engrasado y forrado y hornee en un horno precalentado a 160 °C/325 °F/termostato de gas 3 durante 1 hora, hasta que esté elástico al tacto.

Tarta de miel y almendras

Hace un pastel de 20 cm

250 g/9 oz de zanahorias ralladas

65 g/2½ oz de almendras, finamente picadas

2 huevos

100 g/4 oz/1/3 taza de miel clara

60 ml/4 cucharadas de aceite

150 ml/¼ pt/2/3 taza de leche

100 g/4 oz/1 taza de harina integral (integral)

25 g/1 oz/¼ taza de harina común (para todo uso)

10 ml/2 cdas. cucharadita de canela molida

2,5 ml/½ cucharadita de levadura en polvo (levadura en polvo)

Una pizca de sal

glaseado de limon

Unas cuantas almendras en copos (picadas) para decorar

Mezclar zanahorias y nueces. En un recipiente aparte, bata los huevos, luego mezcle la miel, el aceite y la leche. Agregue las zanahorias y las nueces, luego agregue los ingredientes secos. Vierta en un molde para pastel de 20 cm/8 pulgadas engrasado y forrado y hornee. Llevar al horno precalentado a 150°C/300°F/termostato de gas 2 durante 1 a 1¼ horas, hasta que suba y esté suave al tacto. Déjalo enfriar en el molde antes de sacarlo. Rocíe con glaseado de limón y luego decore con almendras en hojuelas.

Pastel helado de limón

Hace una tarta de 18 cm.

100 g/4 oz/½ taza de mantequilla o margarina, ablandada

100 g/4 oz/½ taza de azúcar en polvo (súper fina)

2 huevos

100 g/4 oz/1 taza de harina común (para todo uso)

50 g/2 oz/½ taza de arroz molido

2,5 ml/½ cucharadita de levadura en polvo

Ralladura y jugo de 1 limón

100 g/4 oz/2/3 taza de azúcar en polvo, tamizada

Batir la mantequilla o margarina y el azúcar hasta que estén suaves y esponjosos. Agrega los huevos uno a la vez, batiendo bien después de cada adición. Mezclar la harina, el arroz molido, el polvo para hornear y la ralladura de limón, luego agregar a la mezcla. Vierta en un molde para pastel de 7/18 cm engrasado y forrado y hornee en un horno precalentado a 180 °C/350 °F/termostato 4 durante 1 hora hasta que esté elástico al tacto. Retirar del molde y dejar enfriar.

Mezclar el azúcar glas con un poco de jugo de limón hasta que quede suave. Vierte sobre el bizcocho y déjalo reposar.

Anillo de té helado

Para 4 a 6 personas

150 ml/¼ pt/2/3 taza de leche tibia

2,5 ml/½ cucharadita de levadura seca

25 g/1 oz/2 cucharadas de azúcar en polvo (súper fina)

25 g/1 oz/2 cucharadas de mantequilla o margarina

225 g/8 oz/2 tazas de harina fuerte (panificable)

1 huevo batido Para el relleno:

50 g/2 oz/¼ taza de mantequilla o margarina, ablandada

50 g/2 oz/¼ taza de almendras molidas

50 g/2 oz/¼ taza de azúcar moreno suave

Para decoración:

100 g/4 oz/2/3 taza de azúcar en polvo, tamizada

15 ml/1 cucharada de agua tibia

30 ml/2 cucharadas. cucharadas de almendras laminadas (picadas)

Vierte la leche sobre la levadura y el azúcar y mezcla. Dejar en un lugar cálido hasta que haga espuma. Frote la mantequilla o margarina con la harina. Agrega la mezcla de levadura y el huevo y bate bien. Cubre el bol con film transparente engrasado (film plástico) y déjalo reposar en un lugar cálido durante 1 hora. Amasar nuevamente y luego darle forma de rectángulo de aproximadamente 30 x 23 cm/12 x 9 pulgadas. Unte mantequilla o margarina para el relleno sobre la masa y espolvoree con almendras en polvo y azúcar. Enrollar hasta formar una salchicha larga y darle forma de aro, cerca de los bordes con un poco de agua. Cortar dos tercios del rollo a intervalos de aprox. 3 cm/1½ y colocar en una bandeja para horno engrasada. Dejar en un lugar cálido durante 20 minutos. Hornee en horno precalentado a

200°C/425°F/gas 7 durante 15 minutos. Reduzca la temperatura del horno a 180°C/350°F/gas 4 durante 15 minutos más.

Mientras tanto, mezcle el azúcar glas y el agua para hacer un glaseado congelado. Cuando se haya enfriado, repártelo sobre el bizcocho y decora con almendras laminadas.

pastel de manteca

Hace un pastel de 23 x 18 cm/9 x 7 pulgadas

15 g/½ oz de levadura fresca o 20 ml/4 cdas. cucharadita de levadura seca

5ml/1 cdta. cucharadita de azúcar en polvo (superfina)

300 ml/½ pt/1¼ tazas de agua tibia

150 g/5 oz/2/3 taza de manteca de cerdo (manteca vegetal)

450 g/1 lb/4 tazas de harina fuerte (panificable)

Una pizca de sal

100 g/4 oz/2/3 taza de pasas (pasas doradas)

100 g/4 oz/2/3 taza de miel ligera

Mezclar la levadura con el azúcar y un poco de agua tibia y dejar en un lugar cálido durante 20 minutos hasta que esté espumosa.

Frote 25 g/1 oz/2 cucharadas de grasa en la harina y la sal y haga un hueco en el centro. Vierta la mezcla de levadura y el agua tibia restante y mezcle hasta obtener una masa firme. Amasar hasta que esté suave y elástica. Colocar en un recipiente engrasado, cubrir con film transparente engrasado (film plástico) y dejar en un lugar cálido durante aprox. 1 hora hasta que duplique su volumen.

Corta la manteca restante en cubos. Amasar la masa nuevamente, luego extenderla hasta formar un rectángulo de aproximadamente 35 x 23 cm/14 x 9 pulgadas. Cubra los dos tercios superiores de la masa con un tercio de la manteca, un tercio de las pasas y un cuarto de la miel. Doble un tercio de la masa simple sobre el relleno, luego doble el tercio superior hacia arriba. Presiona los bordes para sellar, luego dale a la masa un cuarto de vuelta para que el doblez quede hacia tu izquierda. Divide y repite el proceso dos veces más para agotar toda la manteca y las pasas. Colóquelos en una bandeja para hornear engrasada y corte en forma de cruz encima con un cuchillo. Tapar y dejar en un lugar cálido durante 40 minutos.

Hornee en horno precalentado a 220 °C/425 °F/termostato de gas 7 durante 40 minutos. Rocíe el resto de la miel por encima y déjelo enfriar.

Pastel de manteca con semillas de alcaravea

Hace un pastel de 23 x 18 cm/9 x 7 pulgadas

450 g/1 libra de masa básica para pan blanco

175 g/6 oz/¾ taza de manteca de cerdo (manteca vegetal), cortada en trozos

175 g/6 oz/¾ taza de azúcar en polvo (superfina)

15 ml/1 cucharada de semillas de alcaravea

Prepare la masa y luego extiéndala sobre una superficie ligeramente enharinada hasta formar un rectángulo de aproximadamente 35 x 23 cm. Espolvorea los dos tercios superiores de la masa con la mitad de la manteca y la mitad del azúcar y luego dobla la masa. tercio de la masa y doblar el tercio superior sobre ella. Dale un cuarto de vuelta a la masa para que el pliegue quede a tu izquierda, luego vuelve a extenderla y espolvorea de la misma forma con el resto de la manteca y el azúcar y las semillas de alcaravea. Doble nuevamente, luego déle forma para que se ajuste a una forma (forma) y corte la parte superior en forma de diamante. Cubrir con film transparente engrasado (film transparente) y dejar en un lugar cálido durante aprox. 30 minutos hasta que el volumen se haya duplicado.

Hornee en horno precalentado a 200 °C/400 °F/termostato de gas 6 durante 1 hora. Dejar enfriar en el molde durante 15 minutos para permitir que la grasa penetre en la masa, luego desmoldar sobre una rejilla para que se enfríe por completo.

Pastel marmoleado

Hace un pastel de 20 cm

175 g/6 oz/¾ taza de mantequilla o margarina, ablandada

175 g/6 oz/¾ taza de azúcar en polvo (superfina)

3 huevos, ligeramente batidos

225 g/8 oz/2 tazas de harina con levadura (con levadura)

Unas gotas de esencia de almendras (extracto)

Unas gotas de colorante verde

Unas gotas de colorante rojo

Batir la mantequilla o margarina y el azúcar hasta que estén suaves y esponjosos. Agrega poco a poco los huevos, luego agrega la harina. Divida la mezcla en tercios. Agregue la esencia de almendra a un tercio, el colorante verde a un tercio y el colorante rojo al tercio restante. Coloque cucharadas grandes de las tres mezclas alternativamente en un molde para pastel de 20 cm/8 pulgadas engrasado y forrado y hornee en un horno precalentado a 180 °C/350 °F/termostato 4 durante 45 minutos, hasta que esté bien inflado y flexible. tocar.

Pastel de capas de Lincolnshire

Hace un pastel de 20 cm

175 g/6 oz/¾ taza de mantequilla o margarina

350 g/12 oz/3 tazas de harina común (para todo uso)

Una pizca de sal

150 ml/¼ pt/2/3 taza de leche

15 ml/1 cucharada de levadura seca Para el relleno:

225 g/8 oz/11/3 tazas de pasas (pasas doradas)

225 g/8 oz/1 taza de azúcar moreno suave

25 g/1 oz/2 cucharadas de mantequilla o margarina

2,5 ml/½ cucharadita. cucharadita de pimienta de Jamaica molida

1 huevo, separado

Frote la mitad de la mantequilla o margarina con la harina y la sal hasta que la mezcla parezca pan rallado. Caliente el resto de la mantequilla o margarina con la leche hasta que esté tibia, luego mezcle un poco hasta formar una pasta con la levadura. Agrega la mezcla de levadura y el resto de la leche y la mantequilla a la mezcla de harina y amasa hasta obtener una masa suave. Colocar en un bol engrasado, tapar y dejar en un lugar cálido durante aprox. 1 hora hasta que duplique su volumen. Mientras tanto, poner todos los ingredientes del relleno, excepto la clara, en un cazo a fuego lento y dejar que se derrita.

Estirar un cuarto de la masa formando un círculo de 20 cm/8 de diámetro y untar con un tercio del relleno. Repita con la cantidad restante de masa y relleno, cubra con un círculo de masa. Pincelar los bordes con clara de huevo y sellar. Hornee en horno precalentado a 190 °C/375 °F/termostato de gas 5 durante 20 minutos. Pincelar la parte superior con clara de huevo y volver al horno durante 30 minutos más hasta que se dore.

pastel de pan

Rinde un pastel de 900 g/2 lb

175 g/6 oz/¾ taza de mantequilla o margarina, ablandada

275 g/10 oz/1¼ tazas de azúcar en polvo (superfina)

Ralladura y jugo de ½ limón

120 ml/4 fl oz/½ taza de leche

275 g/10 oz/2¼ tazas de harina con levadura (leudante)

5 ml/1 cucharadita de sal

5 ml/1 cucharadita de levadura en polvo

3 huevos

Flormelis (dulce), tamizada, para espolvorear

Mezcle la mantequilla o margarina, el azúcar y la ralladura de limón hasta que quede suave y esponjosa. Agregue el jugo de limón y la leche, luego agregue la harina, la sal y el polvo para hornear y mezcle hasta que quede suave. Agrega poco a poco los huevos, batiendo bien después de cada adición. Vierta la mezcla en un molde para pan (molde) de 900 g/2 lb engrasado y forrado y hornee en un horno precalentado a 150 °F/300 °F/termostato 2 durante 1¼ horas hasta que esté elástico al tacto. Dejar enfriar durante 10 minutos en el molde antes de retirarlo para terminar de enfriar sobre una rejilla. Servir espolvoreado con azúcar glas.

pastel de mermelada

Hace una tarta de 18 cm.

175 g/6 oz/¾ taza de mantequilla o margarina, ablandada

175 g/6 oz/¾ taza de azúcar en polvo (superfina)

3 huevos, separados

300 g/10 oz/2½ tazas de harina con levadura (con levadura)

45 ml/3 cucharadas de mermelada espesa

50 g/2 oz/1/3 taza de cáscaras mixtas (confitadas), picadas

Piel rallada de 1 naranja

45 ml/3 cucharadas de agua

                      Para el glaseado (glaseado):
100 g/4 oz/2/3 taza de azúcar en polvo, tamizada

Jugo de 1 naranja

Unas rodajas de naranja confitada (confitada)

Batir la mantequilla o margarina y el azúcar hasta que estén suaves y esponjosos. Añade poco a poco las yemas de huevo y luego 15 ml/1 cucharada de harina. Agrega la mermelada, la ralladura mixta, la ralladura de naranja y el agua, luego agrega el resto de la harina, bate las claras hasta que estén firmes e incorpóralas a la mezcla con una cuchara de metal. Vierta en un molde para pastel de 7/18 cm engrasado y forrado y hornee en un horno precalentado a 180°C/350°F/termostato 4 durante 1¼ horas hasta que esté bien levado y elástico al tacto. Dejar enfriar en el molde durante 5 minutos, luego desmoldar sobre una rejilla para que termine de enfriarse.

Para hacer el glaseado, coloca el azúcar glas en un bol y haz un hueco en el centro. Agregue gradualmente suficiente jugo de naranja para crear una consistencia untable. Vierta sobre el pastel y los lados y déjelo reposar. Adorne con rodajas de naranja confitadas.

Pastel de semilla de amapola

Hace un pastel de 20 cm

250 ml/8 fl oz/1 taza de leche

100 g/4 oz/1 taza de semillas de amapola

225 g/8 oz/1 taza de mantequilla o margarina, ablandada

225 g/8 oz/1 taza de azúcar moreno suave

3 huevos, separados

100 g/4 oz/1 taza de harina común (para todo uso)

100 g/4 oz/1 taza de harina integral (integral)

5 ml/1 cucharadita de levadura en polvo

Llevar a ebullición la leche en una cacerola pequeña con las semillas de amapola, luego retirar del fuego, tapar y dejar reposar durante 30 minutos. Batir la mantequilla o margarina y el azúcar hasta que esté suave y esponjosa. Agrega poco a poco las yemas de huevo, luego agrega la harina y la levadura. Agrega las semillas de amapola y la leche. Batir las claras a punto de nieve y luego incorporarlas a la mezcla con una cuchara de metal. Vierta en un molde para pastel de 20 cm/8 pulgadas untado con mantequilla y forrado y hornee en un horno precalentado a 180 °C/350 °F/termostato 4 durante 1 hora, hasta que al insertar un palillo en el centro, éste salga limpio. Dejar enfriar durante 10 minutos en el molde antes de retirarlo para terminar de enfriar sobre una rejilla.

Tarta de yogur natural

Hace una tarta de 23 cm.

150 gramos de yogur natural

150 ml/¼ pt/2/3 taza de aceite

225 g/8 oz/1 taza de azúcar en polvo (súper fina)

225 g/8 oz/2 tazas de harina con levadura (con levadura)

10 ml/2 cucharaditas de levadura en polvo

2 huevos batidos

Mezcle todos los ingredientes hasta que quede suave, luego vierta en un molde para pastel (lata) engrasado y forrado de 23 cm/9 cm. Hornee en un horno precalentado a 160 °C/325 °F/termostato de gas 3 durante 1¼ horas hasta que esté suave al tacto. Déjalo enfriar en el formulario.

Pastel de ciruelas y nata

Hace una tarta de 23 cm.

Para el llenado:

150 g/5 oz/2/3 taza de ciruelas pasas sin hueso, picadas en trozos grandes

120 ml/4 fl oz/½ taza de jugo de naranja

50 g/2 oz/¼ taza de azúcar en polvo (superfina)

30 ml/2 cucharadas de maicena (maicena)

175 ml/6 fl oz/¾ taza de leche

2 yemas de huevo

Cáscara de naranja finamente rallada

Para el pastel:

175 g/6 oz/¾ taza de mantequilla o margarina, ablandada

225 g/8 oz/1 taza de azúcar en polvo (súper fina)

3 huevos, ligeramente batidos

200 g/7 oz/1¾ tazas de harina común (para todo uso)

10 ml/2 cucharaditas de levadura en polvo

2,5 ml/½ cucharadita de nuez moscada rallada

75 ml/5 cucharadas de zumo de naranja

Primero haz el relleno. Remojar las ciruelas en jugo de naranja durante al menos dos horas.

Mezclar el azúcar y la maicena hasta formar una pasta con un poco de leche. Hervir el resto de la leche en un cazo. Vierta sobre el azúcar y la maicena y mezcle bien, luego regrese a la sartén enjuagada y agregue las yemas de huevo, agregue la ralladura de naranja y revuelva a fuego muy lento hasta que espese, pero no deje que la crema hierva. Coloque la cacerola en un recipiente con agua fría y revuelva la crema de vez en cuando mientras se enfría.

Para hacer el pastel, bata la mantequilla o margarina y el azúcar hasta que esté suave y esponjoso. Agrega poco a poco los huevos, luego agrega la harina, la levadura en polvo y la nuez moscada, alternando con el jugo de naranja. Vierta la mitad de la masa en un molde para pasteles engrasado de 23 cm/9 cm y luego extienda la crema pastelera encima dejando un espacio alrededor del borde. Vierta las ciruelas pasas y el jugo de remojo sobre la crema, luego cubra con la mezcla para pastel restante, asegurándose de que la mezcla para pastel selle el relleno por los lados y que el relleno quede completamente cubierto. Hornee en un horno precalentado a 200 °C/400 °F/termostato 6 durante 35 minutos hasta que se doren y se encojan de los lados del molde. Déjalo enfriar en el molde antes de sacarlo.

Tarta de frambuesa con glaseado de chocolate

Hace un pastel de 20 cm

175 g/6 oz/¾ taza de mantequilla o margarina, ablandada

175 g/6 oz/¾ taza de azúcar en polvo (superfina)

3 huevos, ligeramente batidos

225 g/8 oz/2 tazas de harina con levadura (con levadura)

100 g de frambuesas Para glaseado y decoración:

Glaseado de crema de mantequilla de chocolate blanco

100 g/4 oz/1 taza de chocolate natural (semidulce)

Batir la mantequilla o margarina y el azúcar hasta que estén suaves y esponjosos. Agrega poco a poco los huevos, luego agrega la harina. Haga puré las frambuesas y luego páselas por un colador (colador) para quitarles las semillas. Agrega el puré a la mezcla para pastel para que se mezcle con la mezcla y no se mezcle. Vierta en un molde para pastel de 20 cm de diámetro engrasado y forrado y hornee en un horno precalentado a 180 °C/350 °F/termostato 4 durante 45 minutos, hasta que esté bien leudado y elástico al tacto. Transfiera a una rejilla para que se enfríe.

Unte el glaseado de crema de mantequilla sobre el pastel y raspe la superficie con un tenedor. Derrita el chocolate en un recipiente resistente al calor sobre una olla con agua hirviendo. Extender sobre una bandeja para hornear (galleta) y dejar hasta que esté casi cuajado. Pasa la punta de un cuchillo afilado sobre el chocolate para hacer rizos. Se utiliza para decorar la parte superior del pastel.

Mantecada

Hace un pastel de 20 cm

75 g/3 oz/1/3 taza de mantequilla o margarina, ablandada

75 g/3 oz/1/3 taza de azúcar en polvo (superfina)

2 huevos, ligeramente batidos

100 g/4 oz/1 taza de harina de maíz (maicena)

25 g/1 oz/¼ taza de harina común (para todo uso)

5 ml/1 cucharadita de levadura en polvo

50 g/2 oz/½ taza de nueces mixtas picadas

Batir la mantequilla o margarina y el azúcar hasta que estén suaves y esponjosos. Agrega poco a poco los huevos, luego agrega la maicena, la harina y la levadura en polvo. Vierta la mezcla en un molde cuadrado de 20 cm/8 pulgadas engrasado y espolvoree con nueces picadas. Hornee en un horno precalentado a 180 °C/350 °F/termostato de gas 4 durante 1 hora hasta que esté elástico al tacto.

pastel de rana

Hace una tarta de 18 cm.

100 g/4 oz/½ taza de mantequilla o margarina, ablandada

100 g/4 oz/½ taza de azúcar en polvo (súper fina)

2 huevos, ligeramente batidos

225 g/8 oz/2 tazas de harina común (para todo uso)

25 g/1 oz/¼ taza de semillas de alcaravea

5 ml/1 cucharadita de levadura en polvo

Una pizca de sal

45 ml/3 cucharadas de leche

Batir la mantequilla o margarina y el azúcar hasta que estén suaves y esponjosos. Agrega poco a poco los huevos, luego agrega la harina, el comino, la levadura y la sal. Agregue suficiente leche para lograr una consistencia de gotita. Vierta en un molde para pastel de 7/18 cm engrasado y forrado y hornee en un horno precalentado a 200 °C/400 °F/termostato 6 durante 1 hora hasta que esté elástico al tacto y comience a encogerse de los lados del molde.

Pastel de anillos especiados

Hace un anillo de 23 cm.

1 manzana, pelada, sin corazón y rallada

30 ml/2 cucharadas de jugo de limón

25 g/8 oz/1 taza de azúcar moreno suave

5ml/1 cdta. cucharadita de jengibre molido

5ml/1 cdta. cucharadita de canela molida

2,5 ml/½ cucharadita. cucharadita de especias molidas (tarta de manzana)

225 g/8 oz/2/3 taza de almíbar dorado (maíz claro)

250 ml/8 fl oz/1 taza de aceite

10 ml/2 cucharaditas de levadura en polvo

400 g/14 oz/3½ tazas de harina común (para todo uso)

10 ml/2 cucharaditas de levadura en polvo (levadura en polvo)

250 ml/8 fl oz/1 taza de té caliente fuerte

1 huevo batido

Flormelis (dulce), tamizada, para espolvorear

Mezcle el jugo de manzana y limón. Agregue el azúcar y las especias, luego el almíbar y el aceite. Agregue polvo para hornear a la harina y polvo para hornear al té caliente. Mézclalos alternativamente con la mezcla, luego incorpora el huevo, vierte en un molde para pastel (molde) de 23 cm/9 cm engrasado y forrado y hornea en el horno precalentado a 180 °C/350 °F/termostato 4 durante 1 hora hasta que esté cocido. elástico al tacto. Deje enfriar en el molde durante 10 minutos, luego colóquelo sobre una rejilla para terminar de enfriar. Servir espolvoreado con azúcar glas.

Pastel de capas picante

Hace una tarta de 23 cm.

100 g/4 oz/½ taza de mantequilla o margarina, ablandada

100 g/4 oz/½ taza de azúcar granulada

100 g/4 oz/½ taza de azúcar moreno suave

2 huevos batidos

175 g/6 oz/1½ tazas de harina común (para todo uso)

5 ml/1 cucharadita de levadura en polvo

5ml/1 cdta. cucharadita de canela molida

2,5 ml/½ cucharadita de levadura en polvo (levadura en polvo)

2,5 ml/½ cucharadita. cucharadita de especias molidas (tarta de manzana)

Una pizca de sal

200 ml/7 fl oz/pequeño 1 taza de leche evaporada en lata

Glaseado de mantequilla de limón

Mezcle la mantequilla o margarina y el azúcar hasta que esté suave y esponjosa. Agrega poco a poco los huevos, luego agrega los ingredientes secos y la leche evaporada y mezcla hasta que quede suave. Divida en dos moldes para pastel de 23 cm/9 cm engrasados y forrados y hornee en un horno precalentado a 180 °C/350 °F/termostato 4 durante 30 minutos hasta que esté suave al tacto. Deje enfriar y luego unte con glaseado de crema de mantequilla de limón.

Pastel de azúcar y canela

Hace una tarta de 23 cm.

175 g/6 oz/1½ tazas de harina con levadura (con levadura)

10 ml/2 cucharaditas de levadura en polvo

Una pizca de sal

175 g/6 oz/¾ taza de azúcar en polvo (superfina)

50 g/2 oz/¼ taza de mantequilla o margarina, derretida

1 huevo, ligeramente batido

120 ml/4 fl oz/½ taza de leche

2,5 ml/½ cucharadita de esencia de vainilla (extracto)

                      Para decoración:

50 g/2 oz/¼ taza de mantequilla o margarina, derretida

50 g/2 oz/¼ taza de azúcar moreno suave

2,5 ml/½ cucharadita. cucharadita de canela molida

Batir todos los ingredientes del pastel hasta que queden suaves y bien combinados. Vierta en un molde para pastel de 23 cm/9 cm untado con mantequilla y hornee en el horno precalentado a 180 °C/350 °F/termostato 4 durante 25 minutos hasta que se dore. Unte el bizcocho tibio con la mantequilla. Mezclar el azúcar y la canela y espolvorear por encima. Regresa el bizcocho al horno por otros 5 minutos.

Pastel de té victoriano

Hace un pastel de 20 cm

225 g/8 oz/1 taza de mantequilla o margarina, ablandada

225 g/8 oz/1 taza de azúcar en polvo (súper fina)

225 g/8 oz/2 tazas de harina con levadura (con levadura)

25 g/1 oz/¼ taza de harina de maíz (maicena)

30 ml/2 cucharadas de semillas de alcaravea

5 huevos, separados

Azúcar granulada para espolvorear

Batir la mantequilla o margarina y el azúcar hasta que esté suave y esponjosa. Agrega la harina, la maicena y las semillas de alcaravea. Batir las yemas de huevo y luego incorporarlas a la mezcla. Batir las claras a punto de nieve y luego incorporarlas suavemente a la mezcla con una cuchara de metal. Verter en un molde para bizcocho engrasado y forrado de 20 cm de diámetro y espolvorear con azúcar. Hornee en un horno precalentado a 180 °C/350 °F/termostato 4 durante 1 hora y 30 minutos, hasta que se doren y comiencen a encogerse de los lados del molde.

Tarta de frutas todo en uno

Hace un pastel de 20 cm

175 g/6 oz/¾ taza de mantequilla o margarina, ablandada

175 g/6 oz/¾ taza de azúcar moreno suave

3 huevos

15ml/1 cdta. cucharada de almíbar dorado (maíz claro)

100 g/4 oz/½ taza de cerezas confitadas (confitadas)

100 g/4 oz/2/3 taza de pasas (pasas doradas)

100 g/4 oz/2/3 taza de pasas

225 g/8 oz/2 tazas de harina con levadura (con levadura)

10 ml/2 cdas. cucharadita de especias molidas (tarta de manzana)

Coloque todos los ingredientes en un tazón y revuelva hasta que estén bien combinados o procese en un procesador de alimentos. Vierta en un molde para pastel de 20 cm/8 pulgadas untado con mantequilla y forrado y hornee en un horno precalentado a 160 °C/325 °F/termostato 3 durante 1 hora y 30 minutos, hasta que al insertar un palillo en el centro, éste salga limpio. Dejar reposar 5 minutos en el molde y luego desmoldar sobre una rejilla para que termine de enfriarse.

Tarta de frutas todo en uno

Hace un pastel de 20 cm

350 g/12 oz/2 tazas de frutas secas mixtas (mezcla para pastel de frutas)

100 g/4 oz/½ taza de mantequilla o margarina

100 g/4 oz/½ taza de azúcar moreno suave

150 ml/¼ pt/2/3 taza de agua

2 huevos grandes batidos

225 g/8 oz/2 tazas de harina con levadura (con levadura)

5ml/1 cdta. cucharadita de especias molidas (tarta de manzana)

Poner en un cazo la fruta, la mantequilla o margarina, el azúcar y el agua, llevar a ebullición y cocinar a fuego lento durante 15 minutos. Dejar enfriar. Agrega cucharadas de huevos alternativamente con harina y especias mixtas y mezcla bien. Vierta en un molde para pastel de 20 cm/8 untado con mantequilla y hornee en un horno precalentado a 140 °C/275 °F/termostato 1 durante 1 a 1 hora y 30 minutos, hasta que al insertar un palillo en el centro, éste salga limpio.

Pastel de frutas australiano

Rinde un pastel de 900 g/2 lb

100 g/4 oz/½ taza de mantequilla o margarina

225 g/8 oz/1 taza de azúcar moreno suave

250 ml/8 fl oz/1 taza de agua

350 g/12 oz/2 tazas de frutas secas mixtas (mezcla para pastel de frutas)

5 ml/1 cucharadita de levadura en polvo (levadura en polvo)

10 ml/2 cdas. cucharadita de especias molidas (tarta de manzana)

5ml/1 cdta. cucharadita de jengibre molido

100 g/4 oz/1 taza de harina con levadura (con levadura)

100 g/4 oz/1 taza de harina común (para todo uso)

1 huevo batido

Poner a hervir todos los ingredientes menos la harina y el huevo en un cazo. Retirar del fuego y dejar enfriar. Mezclar la harina y el huevo. Coloque la mezcla en un molde para pan (molde) de 900 g / 2 lb engrasado y forrado y hornee en un horno precalentado a 160 ° C / 325 ° F / marca de gas 3 durante 1 hora, hasta que suba bien y salga un palillo insertado en el centro. . limpio.

rico pastel americano

Rinde un pastel de 25 cm/10 pulgadas

225 g/8 oz/11/3 tazas de grosellas

100 g/4 oz/1 taza de almendras blanqueadas

15 ml/1 cucharada de agua de azahar

45 ml/3 cucharadas. cucharada de jerez seco

1 yema de huevo grande

2 huevos

350 g/12 oz/1½ tazas de mantequilla o margarina, ablandada

175 g/6 oz/¾ taza de azúcar en polvo (superfina)

Una pizca de masa molida

Una pizca de canela molida

Una pizca de clavo molido

Una pizca de jengibre molido

Una pizca de nuez moscada rallada

30 ml/2 cucharadas de coñac

225 g/8 oz/2 tazas de harina común (para todo uso)

50 g/2 oz/½ taza de cáscara mixta (confitada) picada

Remojar las grosellas en agua tibia durante 15 minutos y luego escurrir bien. Moler las almendras con el agua de azahar y 15 ml/1 cucharada de jerez hasta que estén finas. Batir la yema y el huevo. Mezcle la mantequilla o margarina y el azúcar, luego agregue la mezcla de almendras y los huevos y bata hasta que esté blanco y espeso. Agrega las especias, el resto del jerez y el coñac. Agregue la harina, luego agregue las grosellas y la cáscara mezclada. Vierta en un molde para pastel de 25 cm/10 untado con mantequilla y hornee en el horno precalentado a 180 °C/350 °F/termostato 4 durante aprox. 1 hora, hasta que al insertar un palillo en el centro éste salga limpio.

Pastel de algarroba

Hace una tarta de 18 cm.

450 g/1 lb/2⅔ tazas de pasas

300 ml/½ pt/1¼ tazas de jugo de naranja

175 g/6 oz/¾ taza de mantequilla o margarina, ablandada

3 huevos, ligeramente batidos

225 g/8 oz/2 tazas de harina común (para todo uso)

75 g/3 oz/¾ taza de algarroba en polvo

10 ml/2 cucharaditas de levadura en polvo

Piel rallada de 2 naranjas

50 g/2 oz/½ taza de nueces picadas

Remoja las pasas en el jugo de naranja durante la noche. Mezcle la mantequilla o margarina y el huevo hasta que quede suave. Agrega poco a poco las pasas y el jugo de naranja y el resto de los ingredientes. Vierta en un molde para pastel de 18 cm/7 engrasado y forrado y hornee en un horno precalentado a 180 °C/350 °F/termostato de gas 4 durante 30 minutos, luego reduzca la temperatura del horno a 160 °C/325 °F/gasolina 3 por 1 hora y media más hasta que al insertar un palillo en el centro éste salga limpio. Deje enfriar durante 10 minutos en el molde antes de desmoldar sobre una rejilla para terminar de enfriar.

Pastel de frutas de café

Rinde un pastel de 25 cm/10 pulgadas

450 g/1 lb/2 tazas de azúcar en polvo (superfina)

450 g/1 lb/2 tazas de dátiles sin hueso, picados

450 g/1 lb/22/3 tazas de pasas

450 g/1 lb/22/3 tazas de pasas (pasas doradas)

100 g/4 oz/½ taza de cerezas confitadas (confitadas), picadas

100 g/4 oz/1 taza de nueces mixtas picadas

450 ml/¾ taza/2 tazas de café negro fuerte

120 ml/4 fl oz/½ taza de aceite

100 g/4 oz/1/3 taza de almíbar dorado (maíz claro)

10 ml/2 cdas. cucharadita de canela molida

5ml/1 cdta. cucharadita de nuez moscada rallada

Una pizca de sal

10 ml/2 cucharaditas de levadura en polvo (levadura en polvo)

15 ml/1 cucharada de agua

2 huevos, ligeramente batidos

450 g/1 lb/4 tazas de harina común (para todo uso)

120 ml/4 fl oz/½ taza de jerez o brandy

Ponga a hervir todos los ingredientes excepto el polvo de hornear, el agua, los huevos, la harina y el jerez o brandy en una cacerola de fondo grueso. Cocine por 5 minutos, revolviendo constantemente, luego retire del fuego y deje enfriar.

Mezcla el bicarbonato con el agua y agrega la mezcla de frutas con los huevos y la harina. Vierta en un molde para pasteles de 25 cm/10 engrasado y forrado y ate una doble capa de papel de horno alrededor del exterior para que cuelgue sobre la parte superior del molde. Hornee en horno precalentado a 160 °C/325 °F/termostato de gas 3 durante 1 hora. Reduzca la temperatura del horno a 150 °C/300 °F/marca de gas 2 y cocine por una hora más. Reduzca la temperatura del horno a 140 °C/275 °F/marca de gas 1 y hornee por una tercera hora. Reduzca la temperatura del horno nuevamente a 120°C/250°F/marca de gas ½ y hornee por una última hora, cubriendo la parte superior del pastel con papel pergamino (encerado) si comienza a dorarse demasiado. Cuando esté horneado, al insertar una brocheta en el centro, éste saldrá limpio y el pastel comenzará a encogerse de los lados del molde.

Pastel pesado de Cornualles

Rinde un pastel de 900 g/2 lb

350 g/12 oz/3 tazas de harina común (para todo uso)

2,5 ml/½ cucharadita de sal

175 g/6 oz/¾ taza de manteca de cerdo (manteca vegetal)

75 g/3 oz/1/3 taza de azúcar en polvo (superfina)

175 g/6 oz/1 taza de grosellas

Un poco de cáscara mixta (confitada) picada (opcional)

Aproximadamente 150 ml/¼ pt/2/3 taza de leche y agua mezcladas

1 huevo batido

Ponga la harina y la sal en un bol, luego agregue la manteca de cerdo hasta que la mezcla parezca pan rallado. Agrega el resto de los ingredientes secos. Agregue gradualmente suficiente leche y agua para hacer una masa firme. No hace falta mucho. Extienda sobre una bandeja para hornear engrasada hasta que tenga aproximadamente 1 cm/½ de espesor. Glasear con huevo batido. Dibuja un patrón de cruz encima con la punta de un cuchillo. Hornee en el horno precalentado a 160 °C/325 °F/termostato 3 durante aprox. 20 minutos hasta que se doren. Deje enfriar y luego córtelo en cuadritos.

pastel de grosellas

Hace una tarta de 23 cm.

225 g/8 oz/1 taza de mantequilla o margarina

300 g/11 oz/1½ tazas de azúcar en polvo (superfina)

Una pizca de sal

100 ml/3½ fl oz/6½ cucharadas de agua hirviendo

3 huevos

400 g/14 oz/3½ tazas de harina común (para todo uso)

175 g/6 oz/1 taza de grosellas

50 g/2 oz/½ taza de cáscara mixta (confitada) picada

100 ml/3½ fl oz/6½ cucharadas de agua fría

15 ml/1 cucharada de levadura en polvo

Poner en un bol mantequilla o margarina, azúcar y sal, verter agua hirviendo y dejar que se ablande. Batir rápidamente hasta que esté suave y cremoso. Agrega poco a poco los huevos, luego agrega la harina, las grosellas y las pieles mixtas, alternando con el agua fría. Agrega el polvo para hornear. Vierta la masa en un molde para pastel engrasado de 23 cm/9 cm y hornee en el horno precalentado a 180 °C/350 °F/termostato 4 durante 30 minutos. Reduzca la temperatura del horno a 150°C/300°F/marca de gas 2 y hornee por 40 minutos más, hasta que al insertar un palillo en el centro, éste salga limpio. Dejar enfriar durante 10 minutos en el molde antes de retirarlo para terminar de enfriar sobre una rejilla.

Pastel de frutos negros

Rinde un pastel de 25 cm/10 pulgadas

225 g/8 oz/1 taza de fruta congelada mixta (confitada) picada

350 g/12 oz/2 tazas de dátiles sin hueso, picados

225 g/8 oz/11/3 tazas de pasas

225 g/8 oz/1 taza de cerezas confitadas, picadas

100 g/4 oz/½ taza de piña confitada (confitada), picada

100 g/4 oz/1 taza de nueces mixtas picadas

225 g/8 oz/2 tazas de harina común (para todo uso)

5 ml/1 cucharadita de levadura en polvo (levadura en polvo)

5ml/1 cdta. cucharadita de canela molida

2,5 ml/½ cucharadita. cucharadita para todo uso

1,5 ml/¼ cucharadita. cucharadita de clavo machacado

1,5 ml/¼ cucharadita de sal

225 g/8 oz/1 taza de manteca de cerdo (manteca vegetal)

225 g/8 oz/1 taza de azúcar moreno suave

3 huevos

175 g/6 oz/½ taza de melaza (melaza)

2,5 ml/½ cucharadita de esencia de vainilla (extracto)

120 ml/4 fl oz/½ taza de suero de leche

Mezclar frutas y nueces. Mezcle la harina, el polvo para hornear, las especias y la sal y agregue 50 g/2 oz/½ taza de fruta. Batir la manteca y el azúcar hasta que estén suaves y esponjosos. Agrega poco a poco los huevos, batiendo bien después de cada adición. Agrega la melaza y la esencia de vainilla. Agrega el suero de leche alternativamente con la mezcla de harina restante y bate hasta que quede suave. Incorporar la fruta. Vierta en un molde para pastel de 25 cm/10 engrasado y forrado y hornee en el horno precalentado a 140 °C/275 °F/termostato 1 durante 2,5 horas, hasta que al insertar un palillo en el centro, éste salga limpio. Deje enfriar en el molde durante 10 minutos, luego colóquelo sobre una rejilla para terminar de enfriar.

Pastel impresionante

Hace un pastel de 20 cm

275 g/10 oz/12/3 tazas de frutos secos mixtos (mezcla para pastel de frutas)

100 g/4 oz/½ taza de mantequilla o margarina

150 ml/¼ pt/2/3 taza de agua

1 huevo batido

225 g/8 oz/2 tazas de harina común (para todo uso)

Una pizca de sal

100 g/4 oz/½ taza de azúcar en polvo (súper fina)

Poner en una cacerola fruta, mantequilla o margarina y agua y dejar cocer a fuego lento durante 20 minutos. Dejar enfriar. Agrega el huevo, luego agrega poco a poco la harina, la sal y el azúcar. Vierta en un molde para pastel de 20 cm/8 pulgadas untado con mantequilla y hornee en un horno precalentado a 160 °C/325 °F/termostato 3 durante 1 hora y 30 minutos, hasta que al insertar un palillo en el centro, éste salga limpio.

pastel de dundee

Hace un pastel de 20 cm

225 g/8 oz/1 taza de mantequilla o margarina, ablandada

225 g/8 oz/1 taza de azúcar en polvo (súper fina)

4 huevos grandes

225 g/8 oz/2 tazas de harina común (para todo uso)

Una pizca de sal

350 g/12 oz/2 tazas de grosellas

350 g/12 oz/2 tazas de pasas (pasas doradas)

175 g/6 oz/1 taza de cáscaras mixtas (confitadas), picadas

100 g/4 oz/1 taza de cerezas confitadas, en cuartos

Ralladura de ½ limón

50 g/2 oz de almendras enteras, blanqueadas

Batir la mantequilla y el azúcar hasta que estén suaves y esponjosos. Agrega los huevos uno a la vez, batiendo bien entre cada adición. Agrega la harina y la sal. Agrega la fruta y la ralladura de limón. Pica la mitad de las almendras y agrégalas a la mezcla. Vierta en un molde para pasteles (molde) de 20 cm/8 pulgadas engrasado y forrado y ate una tira de papel marrón alrededor del exterior del molde de modo que quede aprox. 5 cm/2 pulgadas más alto que el molde. Parte las almendras reservadas y colócalas en círculos concéntricos encima del bizcocho. Hornee en el horno precalentado a 150 °C/300 °F/termostato de gas 2 durante 3,5 horas, hasta que al insertar un palillo en el centro, éste salga limpio. Verifique después de 2,5 horas y si el pastel comienza a dorarse demasiado en la parte superior, cúbralo con papel pergamino húmedo (encerado) y reduzca la temperatura del horno a 140 °C/275 °F/marca de gas 1 durante la última hora de horneado.

Pastel de frutas sin huevo durante la noche

Hace un pastel de 20 cm

50 g/2 oz/¼ taza de mantequilla o margarina

225 g/8 oz/2 tazas de harina con levadura (con levadura)

5 ml/1 cucharadita de levadura en polvo (levadura en polvo)

5ml/1 cdta. cucharadita de nuez moscada rallada

5ml/1 cdta. cucharadita de especias molidas (tarta de manzana)

Una pizca de sal

225 g/8 oz/11/3 tazas de frutos secos mixtos (mezcla para pastel de frutas)

100 g/4 oz/½ taza de azúcar moreno suave

250 ml/8 fl oz/1 taza de leche

Frote la mantequilla o margarina con la harina, el polvo para hornear, las especias y la sal hasta que la mezcla parezca pan rallado. Mezcla la fruta y el azúcar, luego agrega la leche hasta que todos los ingredientes estén bien combinados. Cubrir y dejar toda la noche.

Vierta la mezcla en un molde para pastel de 20 cm/8 pulgadas engrasado y forrado y hornee en el horno precalentado a 180 °C/350 °F/termostato 4 durante 1 hora 30 minutos, hasta que al insertar un palillo en el centro salga.

Pastel de frutas infalible

Hace una tarta de 23 cm.

225 g/8 oz/1 taza de mantequilla o margarina

200 g/7 oz/pequeño 1 taza de azúcar en polvo (superfina)

175 g/6 oz/1 taza de grosellas

175 g/6 oz/1 taza de pasas (pasas doradas)

50 g/2 oz/½ taza de cáscara mixta (confitada) picada

75 g/3 oz/½ taza de dátiles sin hueso (sin hueso), picados

5 ml/1 cucharadita de levadura en polvo (levadura en polvo)

200 ml/7 fl oz/1 taza de agua solamente

75 g/2 oz/¼ taza de cerezas confitadas, picadas

100 g/4 oz/1 taza de nueces mixtas picadas

60 ml/4 cdas. cucharada de brandy o jerez

300 g/11 oz/2¾ tazas de harina común (para todo uso)

5 ml/1 cucharadita de levadura en polvo

Una pizca de sal

2 huevos, ligeramente batidos

Derretir la mantequilla o margarina, luego agregar el azúcar, las grosellas, las pasas, la ralladura y los dátiles, mezclar el polvo de hornear con un poco de agua y agregar la mezcla de frutas con el agua restante. Llevar a ebullición y luego cocinar a fuego lento durante 20 minutos, revolviendo ocasionalmente. Cubrir y dejar reposar durante la noche.

Engrase y forre un molde para pasteles (lata) de 23 cm/9 cm y coloque una doble capa de pergamino (encerado) o papel de estraza sobre la parte superior del molde. Agrega las cerezas confitadas, las nueces y el brandy o jerez a la mezcla, luego agrega la harina, el polvo para hornear y la sal y agrega los huevos. Vierta en el molde para pastel preparado y hornee en el horno precalentado a 160 °C/325 °F/termostato 3 durante 1 hora. Reduzca la temperatura del horno a 140°C/275°F/termostato de gas 1 y hornee por una hora más. Reduzca la temperatura del horno nuevamente a 120°C/250°F/marca de gas ½ y hornee por 1 hora más hasta que al insertar un palillo en el centro, éste salga limpio. Cubra la parte superior del pastel con un círculo de papel pergamino o papel marrón hacia el final de la cocción si se dora demasiado. Deje enfriar en el molde durante 30 minutos, luego colóquelo sobre una rejilla para terminar de enfriar.

Pastel de frutas con jengibre

Hace una tarta de 18 cm.

100 g/4 oz/½ taza de mantequilla o margarina, ablandada

100 g/4 oz/½ taza de azúcar en polvo (súper fina)

2 huevos, ligeramente batidos

30 ml/2 cucharadas de leche

225 g/8 oz/2 tazas de harina con levadura (con levadura)

5 ml/1 cucharadita de levadura en polvo

10 ml/2 cdas. cucharadita de especias molidas (tarta de manzana)

5ml/1 cdta. cucharadita de jengibre molido

100 g/4 oz/2/3 taza de pasas

100 g/4 oz/2/3 taza de pasas (pasas doradas)

Batir la mantequilla o margarina y el azúcar hasta que estén suaves y esponjosos. Agrega poco a poco los huevos y la leche, luego la harina, la levadura en polvo y las especias, luego la fruta. Vierta la mezcla en un molde para pastel de 7/18 cm engrasado y forrado y hornee en el horno precalentado a 160 °C/325 °F/termostato 3 durante 1 hora y 30 minutos, hasta que suba y se dore.

Pastel de frutas con miel de granja

Hace un pastel de 20 cm

175 g/6 oz/2/3 taza de mantequilla o margarina, ablandada

175 g/6 oz/½ taza de miel ligera

Ralladura de 1 limón

3 huevos, ligeramente batidos

225 g/8 oz/2 tazas de harina integral (integral)

10 ml/2 cucharaditas de levadura en polvo

5ml/1 cdta. cucharadita de especias molidas (tarta de manzana)

100 g/4 oz/2/3 taza de pasas

100 g/4 oz/2/3 taza de pasas (pasas doradas)

100 g/4 oz/2/3 taza de grosellas

50 g/2 oz/1/3 taza de orejones listos para comer, picados

50 g/2 oz/1/3 taza de cáscaras mixtas (confitadas), picadas

25 g/1 oz/¼ taza de almendras molidas

25 g/1 oz/¼ taza de almendras

Mezcle la mantequilla o margarina, la miel y la ralladura de limón hasta que esté suave y aireada. Agregue poco a poco los huevos, luego agregue la harina, el polvo para hornear y la mezcla de especias, agregue la fruta y las almendras molidas. Verter en un molde para bizcocho engrasado y forrado de 20 cm de diámetro y hacer un pequeño agujero en el centro. Coloca las almendras en el borde superior del pastel. Hornee en el horno precalentado a 160 °C/325 °F/termostato de gas 3 durante 2 a 2,5 horas, hasta que al insertar un palillo en el centro, éste salga limpio. Cubra la parte superior del pastel con papel pergamino (encerado) hacia el final de la cocción si se dora demasiado. Deje enfriar durante 10 minutos en el molde antes de desmoldar sobre una rejilla para terminar de enfriar.

pastel de génova

Hace una tarta de 23 cm.

225 g/8 oz/1 taza de mantequilla o margarina, ablandada

100 g/4 oz/½ taza de azúcar en polvo (súper fina)

4 huevos, separados

5ml/1 cdta. cucharadita de esencia de almendras (extracto)

5ml/1 cdta. cucharadita de piel de naranja rallada

225 g/8 oz/11/3 tazas de pasas, picadas

100 g/4 oz/2/3 taza de grosellas rojas, picadas

100 g/4 oz/2/3 taza de pasas doradas, picadas

50 g/2 oz/¼ taza de cerezas confitadas, picadas

50 g/2 oz/1/3 taza de cáscaras mixtas (confitadas), picadas

100 g/4 oz/1 taza de almendras molidas

25 g/1 oz/¼ taza de almendras

350 g/12 oz/3 tazas de harina común (para todo uso)

10 ml/2 cucharaditas de levadura en polvo

5ml/1 cdta. cucharadita de canela molida

Batir la mantequilla o margarina y el azúcar, luego agregar las yemas de huevo, la esencia de almendras y la ralladura de naranja. Mezcle las frutas y las nueces con un poco de harina hasta que estén cubiertas, luego agregue cucharadas de harina, levadura en polvo y canela, alternando con cucharadas. de la mezcla de frutas, hasta cubrir todo. Batir las claras a punto de nieve y luego añadirlas a la mezcla. Vierta en un molde para pastel de 23 cm/9 cm engrasado y forrado y hornee en un horno precalentado a 190 °C/375 °F/marca de gas 5 durante 30 minutos, luego reduzca la temperatura del horno a 160 °C/325 °F/marca de gas 3 durante 1,5 horas más, hasta que esté elástico al tacto y al insertar un palillo en el centro, éste salga limpio. Déjalo enfriar en el formulario.

Pastel de frutas congelado

Hace una tarta de 23 cm.

225 g/8 oz/1 taza de mantequilla o margarina, ablandada

225 g/8 oz/1 taza de azúcar en polvo (súper fina)

4 huevos, ligeramente batidos

45 ml/3 cucharadas. cucharada de brandy

250 g/9 oz/1¼ tazas de harina común (para todo uso)

2,5 ml/½ cucharadita de levadura en polvo

Una pizca de sal

225 g/8 oz/1 taza de frutas mixtas congeladas (confitadas) como cerezas, piña, naranjas, higos, en rodajas

100 g/4 oz/2/3 taza de pasas

100 g/4 oz/2/3 taza de pasas (pasas doradas)

75 g/3 oz/½ taza de grosellas

50 g/2 oz/½ taza de nueces mixtas picadas

Ralladura de 1 limón

Batir la mantequilla o margarina y el azúcar hasta que estén suaves y esponjosos. Agrega poco a poco el huevo y el coñac. En un recipiente aparte, mezcle los ingredientes restantes hasta que la fruta esté bien cubierta con harina. Agrega la mezcla y mezcla bien. Vierta en un molde para pastel de 23 cm/9 cm untado con mantequilla y hornee en el horno precalentado a 180 °C/350 °F/termostato 4 durante 30 minutos. Reduzca la temperatura del horno a 150°C/300°F/marca de gas 3 y hornee por 50 minutos más, hasta que al insertar un palillo en el centro, éste salga limpio.

pastel de frutas Guinness

Hace una tarta de 23 cm.

225 g/8 oz/1 taza de mantequilla o margarina

225 g/8 oz/1 taza de azúcar moreno suave

300 ml/½ pt/1¼ tazas Guinness o cerveza negra

225 g/8 oz/11/3 tazas de pasas

225 g/8 oz/11/3 tazas de pasas (pasas doradas)

225 g/8 oz/11/3 tazas de grosellas

100 g/4 oz/2/3 taza de cáscaras mixtas (confitadas), picadas

550 g/1¼ lb/5 tazas de harina común (para todo uso)

2,5 ml/½ cucharadita de levadura en polvo (levadura en polvo)

5ml/1 cdta. cucharadita de especias molidas (tarta de manzana)

2,5 ml/½ cucharadita de nuez moscada rallada

3 huevos, ligeramente batidos

Hierva la mantequilla o margarina, el azúcar y la Guinness en una cacerola pequeña a fuego lento, revolviendo hasta que se combinen. Agregue la fruta y la cáscara mezclada, lleve a ebullición y cocine a fuego lento durante 5 minutos. Retirar del fuego y dejar enfriar.

Mezclar la harina, la levadura en polvo y las especias y hacer un hueco en el medio. Agregue la mezcla de frutas frescas y los huevos y mezcle hasta que se combinen. Vierta en un molde para pastel de 23 cm/9 cm engrasado y forrado y hornee en el horno precalentado a 160 °C/325 °F/termostato 3 durante 2 horas, hasta que al insertar un palillo en el centro, éste salga limpio. Dejar enfriar en el molde durante 20 minutos, luego desmoldar sobre una rejilla para que termine de enfriarse.

pastel de carne picada

Hace un pastel de 20 cm

225 g/8 oz/2 tazas de harina con levadura (con levadura)

350 g/12 oz/2 tazas de carne picada

75 g/3 oz/½ taza de frutos secos variados (mezcla para pastel de frutas)

3 huevos

150 g/5 oz/2/3 taza de margarina blanda

150 g/5 oz/2/3 taza de azúcar moreno suave

Mezcle todos los ingredientes hasta que estén bien combinados. Vierta en un molde para pastel de 20 cm/8 pulgadas untado con mantequilla y forrado y hornee en un horno precalentado a 160 °C/325 °F/termostato 3 durante 1 hora y 30 minutos, hasta que haya subido bien y esté firme al tacto.

Tarta de avena y frutas de albaricoque

Hace un pastel de 20 cm

175 g/6 oz/¾ taza de mantequilla o margarina, ablandada

50 g/2 oz/¼ taza de azúcar moreno suave

30 ml/2 cucharadas de miel clara

3 huevos batidos

175 g/6 oz/¼ taza de harina integral (integral)

50 g/2 oz/½ taza de harina de avena

10 ml/2 cucharaditas de levadura en polvo

250 g/9 oz/1½ tazas de frutas secas mixtas (mezcla para pastel de frutas)

50 g/2 oz/1/3 taza de orejones listos para comer, picados

Ralladura y jugo de 1 limón

Revuelva la mantequilla o margarina y el azúcar con la miel hasta que esté suave y esponjosa. Agrega poco a poco los huevos, alternando con la harina y la levadura. Agregue los frutos secos, el jugo y la ralladura de limón, vierta en un molde para pastel de 20 cm engrasado y forrado y hornee en el horno precalentado a 180°C/350°F/termostato 4 durante 1 hora. Reduzca la temperatura del horno a 160°C/325°F/marca de gas 3 y hornee por 30 minutos más, hasta que al insertar un palillo en el centro, éste salga limpio. Cubre la parte superior con papel de horno si el pastel empieza a dorarse demasiado rápido.

Pastel de frutas durante la noche

Hace un pastel de 20 cm

450 g/1 lb/4 tazas de harina común (para todo uso)

225 g/8 oz/11/3 tazas de grosellas

225 g/8 oz/11/3 tazas de pasas (pasas doradas)

225 g/8 oz/1 taza de azúcar moreno suave

50 g/2 oz/1/3 taza de cáscaras mixtas (confitadas), picadas

175 g/6 oz/¾ taza de manteca de cerdo (manteca vegetal)

15ml/1 cdta. cucharada de almíbar dorado (maíz claro)

10 ml/2 cucharaditas de levadura en polvo (levadura en polvo)

15 ml/1 cucharada de leche

300 ml/½ pt/1¼ tazas de agua

Mezclar la harina, la fruta, el azúcar y la ralladura. Derretir la manteca y el almíbar y agregar a la mezcla. Disuelva el bicarbonato de sodio en la leche y revuelva con la mezcla para pastel y el agua. Vierta en un molde para pastel de 20 cm/8 pulgadas untado con mantequilla, cubra y deje reposar durante la noche.

Hornea el bizcocho en el horno precalentado a 160 °C/375 °F/termostato 3 durante 1 hora y 30 minutos, hasta que al insertar un palillo en el centro éste salga limpio.

Pastel de pasas y especias

Rinde un pan de 900 g/2 lb

225 g/8 oz/1 taza de azúcar moreno suave

300 ml/½ pt/1¼ tazas de agua

100 g/4 oz/½ taza de mantequilla o margarina

15 ml/1 cucharada de almíbar negro (melaza)

175 g/6 oz/1 taza de pasas

5ml/1 cdta. cucharadita de canela molida

2. 5 ml/½ cucharadita. cucharadita de nuez moscada rallada

2,5 ml/½ cucharadita. cucharadita para todo uso

225 g/8 oz/2 tazas de harina común (para todo uso)

5 ml/1 cucharadita de levadura en polvo

5 ml/1 cucharadita de levadura en polvo (levadura en polvo)

Derrita el azúcar, el agua, la mantequilla o margarina, la melaza, las pasas y las especias en una cacerola pequeña a fuego medio, revolviendo constantemente. Llevar a ebullición y cocinar a fuego lento durante 5 minutos. Retire del fuego y agregue el resto de los ingredientes. Vierta la mezcla en un molde para pan (molde) de 900 g/2 lb engrasado y forrado y hornee en el horno precalentado a 180 °C/350 °F/termostato 4 durante 50 minutos, hasta que un palillo insertado en el centro sale limpio.

pastel de richmond

Hace una tarta de 15 cm.

225 g/8 oz/2 tazas de harina común (para todo uso)

Una pizca de sal

75 g/3 oz/1/3 taza de mantequilla o margarina

100 g/4 oz/½ taza de azúcar en polvo (súper fina)

2,5 ml/½ cucharadita de levadura en polvo

100 g/4 oz/2/3 taza de grosellas

2 huevos batidos

un poco de leche

Ponga la harina y la sal en un bol y agregue la mantequilla o margarina hasta que la mezcla parezca pan rallado. Agrega el azúcar, la levadura y las grosellas. Agregue los huevos y suficiente leche para mezclar hasta obtener una masa firme. Formar un molde para bizcocho de 15 cm/6, engrasado y forrado. Hornee en el horno precalentado a 190 °C/375 °F/termostato de gas 5 durante unos 45 minutos, hasta que al insertar un palillo en el centro éste salga limpio. Dejar enfriar sobre una rejilla.

Pastel de frutas con azafrán

Rinde dos pasteles de 450 g/1 libra

2,5 ml/½ cucharadita de hebras de azafrán

Agua caliente

15 g/½ oz de levadura fresca o 20 ml/4 cdas. cucharadita de levadura seca

900 g/2 lb/8 tazas de harina común (para todo uso)

225 g/8 oz/1 taza de azúcar en polvo (súper fina)

2,5 ml/½ cucharadita. cucharadita de especias molidas (tarta de manzana)

Una pizca de sal

100 g/4 oz/½ taza de manteca de cerdo (manteca vegetal)

100 g/4 oz/½ taza de mantequilla o margarina

300 ml/½ pt/1¼ tazas de leche tibia

350 g/12 oz/2 tazas de frutas secas mixtas (mezcla para pastel de frutas)

50 g/2 oz/1/3 taza de cáscaras mixtas (confitadas), picadas

> Picar las hebras de azafrán y dejarlas en remojo en 45 ml/3 cucharadas de agua tibia durante la noche.

Mezclar la levadura con 30 ml/2 cucharadas de harina, 5 ml/1 cucharadita de azúcar y 75 ml/5 cucharadas de agua tibia y dejar en un lugar cálido durante 20 minutos hasta que esté espumosa.

Mezclar el resto de la harina y el azúcar con las especias y la sal. Frote la manteca de cerdo y la mantequilla o margarina hasta que la mezcla parezca pan rallado, luego haga un hueco en el centro. Agregue la mezcla de levadura, el azafrán y el líquido de azafrán, la leche tibia, la fruta mezclada y pélela y mezcle hasta obtener una masa suave. Colocar en un bol engrasado, cubrir con film transparente (film transparente) y dejar en un lugar cálido durante 3 horas.

Forme dos panes, colóquelos en dos moldes para pan engrasados de 450 g/1 libra y hornee en un horno precalentado a 220 °C/450 °F/termostato de gas 7 durante 40 minutos, hasta que esté bien leudado y dorado.

Pastel de frutas con soda

Rinde una tarta de 450 g.

225 g/8 oz/2 tazas de harina común (para todo uso)

1,5 ml/¼ cucharadita de sal

Una pizca de levadura en polvo (levadura en polvo)

50 g/2 oz/¼ taza de mantequilla o margarina

50 g/2 oz/¼ taza de azúcar en polvo (superfina)

100 g/4 oz/2/3 taza de mezcla de frutas secas (mezcla para pastel de frutas)

150 ml/¼ pt/2/3 taza de cuajada o leche con 5 ml/1 cdta. cucharadita de jugo de limon

5ml/1 cdta. cucharadita de melaza (melaza)

Mezcla la harina, la sal y el bicarbonato de sodio en un bol. Frote con mantequilla o margarina hasta que la mezcla parezca pan rallado. Agrega el azúcar y la fruta y mezcla bien. Caliente la leche y la melaza hasta que la melaza se derrita, luego agregue los ingredientes secos y mezcle hasta obtener una masa firme. Vierta en un molde para pan (molde) engrasado de 450 g/1 libra y hornee en el horno precalentado a 190 °C/375 °F/termostato 5 durante aprox. 45 minutos hasta que se doren.

pastel de frutas rapido

Hace un pastel de 20 cm

450 g/1 lb/22/3 tazas de frutos secos variados (mezcla para pastel de frutas)

225 g/8 oz/1 taza de azúcar moreno suave

100 g/4 oz/½ taza de mantequilla o margarina

150 ml/¼ pt/2/3 taza de agua

2 huevos batidos

225 g/8 oz/2 tazas de harina con levadura (con levadura)

Llevar a ebullición la fruta, el azúcar, la mantequilla o margarina y el agua, tapar y cocinar a fuego lento durante 15 minutos. Dejar enfriar. Agregue los huevos y la harina, luego vierta la mezcla en un molde para pasteles de 20 cm/8 de diámetro engrasado y forrado y hornee en un horno precalentado a 150 °C/300 °F/termostato 3 durante 1 hora y 30 minutos hasta que la superficie esté firme. dorado. marrón y se encoge de los lados de la caja.

Pastel de frutas con té caliente

Rinde un pastel de 900 g/2 lb

450 g/1 lb/2½ tazas de frutos secos variados (mezcla para pastel de frutas)

300 ml/½ pt/1¼ tazas de té negro caliente

350 g/10 oz/1¼ tazas de azúcar moreno suave

350 g/10 oz/2½ tazas de harina con levadura (con levadura)

1 huevo batido

Coloca la fruta en el té caliente y déjala reposar durante la noche. Agregue el azúcar, la harina y los huevos y conviértalo en un molde para pan (molde) engrasado y forrado de 900 g/2 lb. Hornee en un horno precalentado a 160 °C/325 °F/termostato de gas 3 durante 2 horas hasta que suba y se dore.

Pastel de frutas con té frío

Hace una tarta de 15 cm.

100 g/4 oz/½ taza de mantequilla o margarina

225 g/8 oz/11/3 tazas de frutos secos mixtos (mezcla para pastel de frutas)

250 ml/8 fl oz/1 taza de té negro frío

225 g/8 oz/2 tazas de harina con levadura (con levadura)

100 g/4 oz/½ taza de azúcar en polvo (súper fina)

5 ml/1 cucharadita de levadura en polvo (levadura en polvo)

1 huevo grande

Derrita la mantequilla o la margarina en una sartén, agregue la fruta y el té y deje hervir. Cocine a fuego lento durante 2 minutos, luego deje enfriar. Añadir el resto de los ingredientes y mezclar bien. Vierta en un molde para pastel de 15 cm/6 engrasado y forrado y hornee en un horno precalentado a 160 °C/325 °F/termostato 3 durante 1¼-1½ horas hasta que esté firme al tacto. Deje enfriar, luego sirva en rodajas y unte.

Tarta de frutas sin azúcar

Hace un pastel de 20 cm

4 orejones

60 ml/4 cucharadas de zumo de naranja

250 ml/8 fl oz/1 taza de cerveza negra

100 g/4 oz/2/3 taza de pasas (pasas doradas)

100 g/4 oz/2/3 taza de pasas

50 g/2 oz/¼ taza de grosellas rojas

50 g/2 oz/¼ taza de mantequilla o margarina

225 g/8 oz/2 tazas de harina con levadura (con levadura)

75 g/3 oz/¾ taza de nueces mixtas picadas

10 ml/2 cdas. cucharadita de especias molidas (tarta de manzana)

5 ml/1 cucharadita de café instantáneo en polvo

3 huevos, ligeramente batidos

15 ml/1 cucharada de brandy o whisky

Remojar los albaricoques en jugo de naranja hasta que estén suaves y luego picarlos. Ponga la cerveza negra, los frutos secos y la mantequilla o margarina en una cacerola, lleve a ebullición y cocine a fuego lento durante 20 minutos. Dejar enfriar.

Mezclar harina, nueces, especias y café. Agregue la mezcla stout, el huevo y el brandy o el whisky, vierta la mezcla en un molde para pasteles de 20 cm/8 cm de diámetro engrasado y forrado y hornee en el horno precalentado a 180 °C/350 °F/termostato 4 durante 20 minutos. Reduzca la temperatura del horno a 150°C/300°F/marca de gas 2 y hornee por 1,5 horas más, hasta que al insertar un palillo en el centro, éste salga limpio. Cubra la parte superior con papel de horno (encerado) hacia el final de la cocción si se dora demasiado. Deje enfriar durante 10 minutos en el molde antes de desmoldar sobre una rejilla para terminar de enfriar.

Pequeños pasteles de frutas

hacer 48

100 g/4 oz/½ taza de mantequilla o margarina, ablandada

225 g/8 oz/1 taza de azúcar moreno suave

2 huevos, ligeramente batidos

175 g/6 oz/1 taza de dátiles sin hueso (sin hueso), picados

50 g/2 oz/½ taza de nueces mixtas picadas

15 ml/1 cucharada de piel de naranja rallada

225 g/8 oz/2 tazas de harina común (para todo uso)

5 ml/1 cucharadita de levadura en polvo (levadura en polvo)

2,5 ml/½ cucharadita de sal

150 ml/¼ pt/2/3 taza de suero de leche

6 cerezas confitadas, en rodajas

Glaseado de naranja para pastel de frutas

Batir la mantequilla o margarina y el azúcar hasta que esté suave y esponjosa. Batir los huevos poco a poco. Agregue los dátiles, las nueces y la cáscara de naranja. Mezcle la harina, el bicarbonato de sodio y la sal. Agregue a la mezcla alternativamente con suero de leche y bata hasta que esté bien combinado. Dividir en moldes para muffins de 5 cm/2 engrasados y decorar con las cerezas. Hornee en el horno precalentado a 190 °C/375 °F/termostato 5 durante 20 minutos, hasta que al insertar un palillo en el centro, éste salga limpio. Transfiera a una rejilla y déjelo hasta que esté tibio, luego unte con glaseado de naranja.

Pastel de frutas con vinagre

Hace una tarta de 23 cm.

225 g/8 oz/1 taza de mantequilla o margarina

450 g/1 lb/4 tazas de harina común (para todo uso)

225 g/8 oz/11/3 tazas de pasas (pasas doradas)

100 g/4 oz/2/3 taza de pasas

100 g/4 oz/2/3 taza de grosellas

225 g/8 oz/1 taza de azúcar moreno suave

5 ml/1 cucharadita de levadura en polvo (levadura en polvo)

300 ml/½ pt/1¼ taza de leche

45 ml/3 cucharadas de vinagre de malta

Frote la mantequilla o margarina con la harina hasta que la mezcla parezca pan rallado. Mezclar la fruta y el azúcar y hacer un hueco en el medio. Mezcle el polvo de hornear, la leche y el vinagre; la mezcla formará espuma. Agregue los ingredientes secos hasta que estén bien combinados. Vierta la mezcla en un molde para pasteles de 23 cm/9 cm engrasado y forrado y hornee en el horno precalentado a 200 °C/400 °F/termostato 6 durante 25 minutos. Reduzca la temperatura del horno a 160 °C/325 °F/termostato de gas 3 y hornee durante 1,5 horas más hasta que esté dorado y firme al tacto. Deje enfriar en el molde durante 5 minutos, luego colóquelo sobre una rejilla para terminar de enfriar.

Pastel de whisky Virginia

Rinde una tarta de 450 g.

100 g/4 oz/½ taza de mantequilla o margarina, ablandada

50 g/2 oz/¼ taza de azúcar en polvo (superfina)

3 huevos, separados

175 g/6 oz/1½ tazas de harina común (para todo uso)

5 ml/1 cucharadita de levadura en polvo

Una pizca de nuez moscada rallada

Una pizca de masa molida

120 ml/4 fl oz/½ taza de oporto

30 ml/2 cucharadas de coñac

100 g/4 oz/2/3 taza de mezcla de frutas secas (mezcla para pastel de frutas)

120 ml/4 fl oz/½ taza de whisky

Batir la mantequilla y el azúcar hasta que quede suave. Mezclar las yemas de huevo. Mezclar la harina, la levadura y las especias y agregar a la mezcla. Agrega el vino de Oporto, el coñac y los frutos secos. Batir las claras hasta que se formen picos suaves y luego agregarlas a la mezcla. Vierta en un molde para pastel engrasado de 450 g / 1 lb y hornee en un horno precalentado a 160 ° C / 325 ° F / marca de gas 3 durante 1 hora, hasta que al insertar un palillo en el centro salga solo. Dejar enfriar en el molde, luego verter el whisky sobre el bizcocho y dejar reposar 24 horas en el molde antes de cortar.

Pastel de frutas galés

Hace una tarta de 23 cm.

50 g/2 oz/¼ taza de mantequilla o margarina

50 g/2 oz/¼ taza de manteca de cerdo (manteca vegetal)

225 g/8 oz/2 tazas de harina común (para todo uso)

Una pizca de sal

10 ml/2 cucharaditas de levadura en polvo

100 g/4 oz/½ taza de azúcar demerara

175 g/6 oz/1 taza de frutos secos mixtos (mezcla para pastel de frutas)

Ralladura y jugo de ½ limón

1 huevo, ligeramente batido

30 ml/2 cucharadas de leche

Frote mantequilla o margarina y mezcle con la harina, la sal y la levadura hasta que la mezcla parezca pan rallado. Agrega el azúcar, la fruta, la ralladura y el jugo de limón, luego mezcla los huevos y la leche y amasa hasta obtener una masa suave. Forme un molde cuadrado de 23 cm/9 cm engrasado y forrado y hornee en un horno precalentado a 200 °C/400 °F/termostato 6 durante 20 minutos hasta que suba y se dore.

Tarta de frutas blancas

Hace una tarta de 23 cm.

100 g/4 oz/½ taza de mantequilla o margarina, ablandada

225 g/8 oz/1 taza de azúcar en polvo (súper fina)

5 huevos, ligeramente batidos

350 g/12 oz/2 tazas de frutos secos mixtos

350 g/12 oz/2 tazas de pasas (pasas doradas)

100 g/4 oz/2/3 taza de dátiles sin hueso, picados

100 g/4 oz/½ taza de cerezas confitadas (confitadas), picadas

100 g/4 oz/½ taza de piña confitada (confitada), picada

100 g/4 oz/1 taza de nueces mixtas picadas

225 g/8 oz/2 tazas de harina común (para todo uso)

10 ml/2 cucharaditas de levadura en polvo

2,5 ml/½ cucharadita de sal

60 ml/4 cdas. cucharada de jugo de piña

Batir la mantequilla o margarina y el azúcar hasta que estén suaves y esponjosos. Agrega poco a poco los huevos, batiendo bien después de cada adición. Mezclar toda la fruta, las nueces y un poco de harina hasta que los ingredientes queden bien cubiertos de harina. Mezcle el polvo de hornear y la sal con la harina restante, luego revuélvalos con la mezcla de huevo, alternando con el jugo de piña, hasta que se combinen. Agrega la fruta y mezcla bien. Vierta en un molde para pasteles de 23 cm/9 cm engrasado y forrado y hornee en el horno precalentado a 140 °C/275 °F/termostato 1 durante aprox. 2,5 horas, hasta que al insertar un palillo en el centro éste salga limpio. Deje enfriar durante 10 minutos en el molde antes de desmoldar sobre una rejilla para terminar de enfriar.

tarta de manzana

Hace un pastel de 20 cm

175 g/6 oz/1½ tazas de harina con levadura (con levadura)

5 ml/1 cucharadita de levadura en polvo

Una pizca de sal

150 g/5 oz/2/3 taza de mantequilla o margarina

150 g/5 oz/2/3 taza de azúcar en polvo (superfina)

1 huevo batido

175 ml/6 fl oz/¾ taza de leche

3 manzanas para comer (de postre), peladas, sin corazón y cortadas en rodajas

2,5 ml/½ cucharadita. cucharadita de canela molida

15 ml/1 cucharada de miel clara

Mezclar la harina, el caldo de cocina y la sal. Agregue la mantequilla o margarina hasta que la mezcla parezca pan rallado, luego agregue el azúcar, agregue los huevos y la leche. Verter la mezcla en un molde para bizcocho engrasado y forrado de 20 cm de diámetro y presionar con cuidado las rodajas de manzana encima. Espolvorea con canela y rocía con miel. Hornee en horno precalentado a 200 °C/400 °F/termostato 6 durante 45 minutos hasta que esté dorado y firme al tacto.

Tarta de manzana picante y crujiente

Hace un pastel de 20 cm

75 g/3 oz/1/3 taza de mantequilla o margarina

175 g/6 oz/1½ tazas de harina con levadura (con levadura)

50 g/2 oz/¼ taza de azúcar en polvo (superfina)

1 huevo

75 ml/5 cucharadas de agua

3 manzanas para comer (de postre), peladas, sin corazón y cortadas en cuartos

Para decoración:
75 g/3 oz/1/3 taza de azúcar demerara

10 ml/2 cdas. cucharadita de canela molida

25 g/1 oz/2 cucharadas de mantequilla o margarina

Frote la mantequilla o margarina con la harina hasta que la mezcla parezca pan rallado. Agregue el azúcar, luego mezcle los huevos y el agua hasta obtener una masa suave. Agrega un poco más de agua si la mezcla está demasiado seca. Extienda la masa en un molde para pastel de 20 cm/8 pulgadas y presione las manzanas en la masa. Espolvorea con azúcar demerara y canela y rocía con mantequilla o margarina. Hornee en horno precalentado a 180 °C/350 °F/termostato 4 durante 30 minutos hasta que esté dorado y firme al tacto.

tarta de manzana americana

Hace un pastel de 20 cm

50 g/2 oz/¼ taza de mantequilla o margarina, ablandada

225 g/8 oz/1 taza de azúcar moreno suave

1 huevo, ligeramente batido

5 ml/1 cucharadita de esencia de vainilla (extracto)

100 g/4 oz/1 taza de harina común (para todo uso)

2,5 ml/½ cucharadita de levadura en polvo

2,5 ml/½ cucharadita de levadura en polvo (levadura en polvo)

2,5 ml/½ cucharadita de sal

2,5 ml/½ cucharadita. cucharadita de canela molida

2,5 ml/½ cucharadita de nuez moscada rallada

450 g/1 libra de manzanas de mesa (postre), peladas, sin corazón y cortadas en cubitos

25 g/1 oz/¼ taza de almendras picadas

Batir la mantequilla o margarina y el azúcar hasta que esté suave y esponjosa. Agrega poco a poco los huevos y la esencia de vainilla. Combine la harina, el polvo para hornear, el bicarbonato de sodio, la sal y las especias y revuelva hasta que se combinen. Agrega las manzanas y las nueces. Vierta en un molde cuadrado de 20 cm engrasado y forrado y hornee en el horno precalentado a 180°C/350°F/termostato 4 durante 45 minutos, hasta que al insertar un palillo en el centro, éste salga limpio.

Torta de compota de manzana

Rinde un pastel de 900 g/2 lb

100 g/4 oz/½ taza de mantequilla o margarina, ablandada

225 g/8 oz/1 taza de azúcar moreno suave

2 huevos, ligeramente batidos

225 g/8 oz/2 tazas de harina común (para todo uso)

5ml/1 cdta. cucharadita de canela molida

2,5 ml/½ cucharadita de nuez moscada rallada

100 g/4 oz/1 taza de puré de manzana (salsa)

5 ml/1 cucharadita de levadura en polvo (levadura en polvo)

30 ml/2 cucharadas de agua tibia

Batir la mantequilla o margarina y el azúcar hasta que estén suaves y esponjosos. Agrega poco a poco los huevos. Agrega la harina, la canela, la nuez moscada y el puré de manzana. Mezcla el polvo para hornear con el agua tibia y agrégalo a la mezcla. Vierta en un molde para pan (molde) de 900 g/2 lb engrasado y hornee en el horno precalentado a 180 °C/350 °F/termostato 4 durante 1,5 horas, hasta que al insertar un palillo en el centro, éste salga limpio.

pastel de sidra de manzana

Hace un pastel de 20 cm

100 g/4 oz/½ taza de mantequilla o margarina, ablandada

150 g/5 oz/2/3 taza de azúcar en polvo (superfina)

3 huevos

225 g/8 oz/2 tazas de harina con levadura (con levadura)

5ml/1 cdta. cucharadita de especias molidas (tarta de manzana)

5 ml/1 cucharadita de levadura en polvo (levadura en polvo)

5 ml/1 cucharadita de levadura en polvo

150 ml/¼ pt/2/3 taza de sidra seca

2 manzanas para cocinar (pastel), peladas, sin corazón y cortadas en rodajas

75 g/3 oz/1/3 taza de azúcar demerara

100 g/4 oz/1 taza de nueces mixtas picadas

Mezcle mantequilla o margarina, azúcar, huevos, harina, especias, levadura en polvo, levadura en polvo y 120 ml/4 fl oz/½ taza de sidra hasta que estén bien combinados, agregando el resto de la sidra si es necesario para crear una pasta suave. Verter la mitad de la mezcla en un molde para bizcocho de 20 cm engrasado y forrado y cubrir con la mitad de las rodajas de manzana. Mezclar el azúcar y las nueces y esparcir la mitad sobre las manzanas. Vierta el resto de la mezcla de pastel y cubra con las manzanas restantes y el resto de la mezcla de azúcar y nueces. Hornee en horno precalentado a 180 °C/350 °F/termostato 4 durante 1 hora hasta que esté dorado y firme al tacto.

Tarta de manzana y canela

Hace una tarta de 23 cm.

100 g/4 oz/½ taza de mantequilla o margarina

100 g/4 oz/½ taza de azúcar en polvo (súper fina)

1 huevo, ligeramente batido

100 g/4 oz/1 taza de harina común (para todo uso)

5 ml/1 cucharadita de levadura en polvo

30 ml/2 cucharadas de leche (opcional)

2 manzanas grandes para cocinar (pastel), peladas, sin corazón y cortadas en rodajas

30 ml/2 cucharadas de azúcar en polvo (superfina)

5ml/1 cdta. cucharadita de canela molida

25 g/1 oz/¼ taza de almendras picadas

30 ml/2 cucharadas de azúcar demerara

Batir la mantequilla o margarina y el azúcar hasta que estén suaves y esponjosos. Agrega poco a poco el huevo, luego agrega la harina y la levadura. La mezcla debe quedar bastante firme; si está demasiado firme añadir un poco de leche. Vierta la mitad de la mezcla en un molde desmontable de 23 cm/9 engrasado y forrado. Coloca las rodajas de manzana encima. Mezcla el azúcar y la canela y espolvorea las almendras sobre las manzanas. Cubra con la mezcla para pastel restante y espolvoree con azúcar demerara. Hornee en el horno precalentado a 180 °C/350 °F/termostato 4 durante 30-35 minutos, hasta que al insertar un palillo en el centro, éste salga limpio.

tarta de manzana española

Hace una tarta de 23 cm.

175 g/6 oz/¾ taza de mantequilla o margarina

6 manzanas Cox's para comer (de postre), peladas, sin corazón y cortadas en cuartos

30 ml/2 cucharadas. cucharada de brandy de manzana

175 g/6 oz/¾ taza de azúcar en polvo (superfina)

150 g/5 oz/1¼ tazas de harina común (para todo uso)

10 ml/2 cucharaditas de levadura en polvo

5ml/1 cdta. cucharadita de canela molida

3 huevos, ligeramente batidos

45 ml/3 cucharadas de leche

Para el glaseado:

60 ml/4 cdas. cucharadas de mermelada de albaricoque (enlatada), tamizada (tamizada)

15ml/1 cdta. cucharada de brandy de manzana

5ml/1 cdta. 1 cucharadita de maicena (maicena)

10 ml/2 cucharaditas de agua

Derretir la mantequilla o margarina en una sartén grande y sofreír los trozos de manzana a fuego lento durante 10 minutos, removiendo una vez para cubrirlos con mantequilla. Retirar del fuego. Picar un tercio de las manzanas y añadir el brandy de manzana, añadir el azúcar, la harina, la levadura y la canela, añadir los huevos y la leche y verter la mezcla en un molde para bizcocho de 23 cm/9 engrasado y enharinado. Coloca las rodajas de manzana restantes encima. Hornee en un horno precalentado a 180 ° C / 350 ° F / marca de gas 4 durante 45 minutos, hasta que haya subido bien y esté dorado y comience a encogerse de los lados del molde.

Para hacer el glaseado, calentar juntos la mermelada y el brandy. Mezclar la maicena hasta formar una pasta con el agua y agregar la mermelada y el brandy. Cocine por unos minutos, revolviendo, hasta que esté claro. Cepille el bizcocho tibio y déjelo enfriar durante 30 minutos. Retire los lados del molde para pasteles, vuelva a calentar el glaseado y cepille por segunda vez. Dejar enfriar.

Tarta de manzana y pasas

Hace un pastel de 20 cm

350 g/12 oz/3 tazas de harina con levadura (con levadura)

Una pizca de sal

2,5 ml/½ cucharadita. cucharadita de canela molida

225 g/8 oz/1 taza de mantequilla o margarina

175 g/6 oz/¾ taza de azúcar en polvo (superfina)

100 g/4 oz/2/3 taza de pasas (pasas doradas)

450 g/1 libra de manzanas hirviendo (tartas), peladas, sin corazón y finamente picadas

2 huevos

un poco de leche

Mezcle la harina, la sal y la canela, luego agregue la mantequilla o margarina hasta que la mezcla parezca pan rallado. Agrega el azúcar. Hacer un hueco en el centro y agregar las pasas, las manzanas y los huevos y mezclar bien, agregando un poco de leche para hacer una mezcla firme. Vierta en un molde para pastel engrasado de 20 cm/8 pulgadas y hornee en un horno precalentado a 180 °C/350 °F/termostato 4 durante aproximadamente 1,5 a 2 horas, hasta que esté firme al tacto. Servir caliente o frío.

Tarta de manzana al revés

Hace una tarta de 23 cm.

2 manzanas para comer (de postre), peladas, sin corazón y en rodajas finas

75 g/3 oz/1/3 taza de azúcar moreno suave

45 ml/3 cucharadas. cucharadas de pasas

30 ml/2 cucharadas de jugo de limón

Para el pastel:

200 g/7 oz/1¾ tazas de harina común (para todo uso)

50 g/2 oz/¼ taza de azúcar en polvo (superfina)

10 ml/2 cucharaditas de levadura en polvo

5 ml/1 cucharadita de levadura en polvo (levadura en polvo)

5ml/1 cdta. cucharadita de canela molida

Una pizca de sal

120 ml/4 fl oz/½ taza de leche

50 g/2 oz/½ taza de puré de manzana (salsa)

75 ml/5 cucharadas de aceite

1 huevo, ligeramente batido

5 ml/1 cucharadita de esencia de vainilla (extracto)

Mezclar las manzanas, el azúcar, las pasas y el jugo de limón y colocar en el fondo de un molde para pasteles engrasado de 23 cm/9 cm. Mezclar los ingredientes secos para el bizcocho y hacer un hueco en el medio. Mezcle la leche, el puré de manzana, el aceite, el huevo y la esencia de vainilla y agregue los ingredientes secos hasta que se combinen. Vierta en el molde para pastel y hornee en un horno precalentado a 180 ° C / 350 ° F / marca de gas 4 durante 40 minutos, hasta que el pastel esté dorado y se encoja de los lados del molde. Dejar enfriar 10 minutos en el molde y luego desmoldar con cuidado en un plato. Servir caliente o frío.

pastel de pan de albaricoque

Rinde un pan de 900 g/2 lb

225 g/8 oz/1 taza de mantequilla o margarina, ablandada

225 g/8 oz/1 taza de azúcar en polvo (súper fina)

2 huevos bien batidos

6 albaricoques maduros, sin hueso, pelados y triturados

300 g/11 oz/2¾ tazas de harina común (para todo uso)

5 ml/1 cucharadita de levadura en polvo (levadura en polvo)

Una pizca de sal

75 g/3 oz/¾ taza de almendras picadas

Mezcle la mantequilla o margarina y el azúcar. Agrega poco a poco los huevos y luego los albaricoques. Agrega la harina, el bicarbonato de sodio y la sal y agrega las nueces. Vierta en un molde para pan (molde) de 900 g/2 lb engrasado y enharinado y hornee en el horno precalentado a 180 °C/350 °F/termostato 4 durante 1 hora, hasta que al insertar un palillo en el centro, éste salga limpio. Déjalo enfriar en el molde antes de sacarlo.

Pastel de albaricoque y jengibre

Hace una tarta de 18 cm.

100 g/4 oz/1 taza de harina con levadura (con levadura)

100 g/4 oz/½ taza de azúcar moreno suave

10 ml/2 cdas. cucharadita de jengibre molido

100 g/4 oz/½ taza de mantequilla o margarina, ablandada

2 huevos, ligeramente batidos

100 g/4 oz/2/3 taza de orejones listos para comer, picados

50 g/2 oz/1/3 taza de pasas

Batir la harina, el azúcar, el jengibre, la mantequilla o margarina y los huevos hasta que estén suaves. Agrega los albaricoques y las pasas. Vierta la mezcla en un molde para pastel de 7/18 cm engrasado y forrado y hornee en el horno precalentado a 180°C/350°F/termostato 4 durante 30 minutos, hasta que al insertar un palillo en el centro salga.

pastel de albaricoque

Hace un pastel de 20 cm

120 ml/4 fl oz/½ taza de brandy o ron

120 ml/4 fl oz/½ taza de jugo de naranja

225 g/8 oz/11/3 tazas de orejones listos para comer, picados

100 g/4 oz/2/3 taza de pasas (pasas doradas)

175 g/6 oz/¾ taza de mantequilla o margarina, ablandada

45 ml/3 cucharadas de miel clara

4 huevos, separados

175 g/6 oz/1½ tazas de harina con levadura (con levadura)

10 ml/2 cucharaditas de levadura en polvo

Llevar a ebullición coñac o ron y jugo de naranja con albaricoques y pasas. Mezclar bien, luego retirar del fuego y dejar reposar hasta que se enfríe. Mezcle la mantequilla o margarina y la miel, luego agregue poco a poco las yemas de huevo, agregue la harina y la levadura en polvo. Batir las claras a punto de nieve y luego incorporarlas con cuidado a la mezcla. Vierta en un molde para pastel de 20 cm engrasado y forrado y hornee en el horno precalentado a 180°C/350°F/termostato 4 durante 1 hora, hasta que al insertar un palillo en el centro, éste salga limpio. Déjalo enfriar en el formulario.

Pastel de platano

Hace un pastel de 23 x 33 cm/9 x 13 pulgadas

4 plátanos maduros, triturados

2 huevos, ligeramente batidos

350 g/12 oz/1½ tazas de azúcar en polvo (súper fina)

120 ml/4 fl oz/½ taza de aceite

5 ml/1 cucharadita de esencia de vainilla (extracto)

50 g/2 oz/½ taza de nueces mixtas picadas

225 g/8 oz/2 tazas de harina común (para todo uso)

10 ml/2 cucharaditas de levadura en polvo (levadura en polvo)

5 ml/1 cucharadita de sal

Batir los plátanos, los huevos, el azúcar, el aceite y la vainilla. Agregue los ingredientes restantes y revuelva hasta que estén combinados. Vierta en un molde para pastel de 23 x 33 cm / 9 x 13 y hornee en un horno precalentado a 180 ° C / 350 ° F / marca de gas 4 durante 45 minutos, hasta que al insertar un palillo en el centro, éste salga limpio.

Pastel de plátano crujiente

Hace una tarta de 23 cm.

100 g/4 oz/½ taza de mantequilla o margarina, ablandada

300 g/11 oz/11/3 tazas de azúcar en polvo (súper fina)

2 huevos, ligeramente batidos

175 g/6 oz/1½ tazas de harina común (para todo uso)

2,5 ml/½ cucharadita de sal

1,5 ml/½ cucharadita de nuez moscada rallada

5 ml/1 cucharadita de levadura en polvo (levadura en polvo)

75 ml/5 cucharadas de leche

Unas gotas de esencia de vainilla (extracto)

4 plátanos, triturados

Para decoración:
50 g/2 oz/¼ taza de azúcar demerara

50 g/2 oz/2 tazas de copos de maíz, triturados

2,5 ml/½ cucharadita. cucharadita de canela molida

25 g/1 oz/2 cucharadas de mantequilla o margarina

Batir la mantequilla o margarina y el azúcar hasta que estén suaves y esponjosos. Agrega poco a poco los huevos, luego la harina, la sal y la nuez moscada. Mezcla bicarbonato de sodio con leche y esencia de vainilla y agrega a la mezcla con los plátanos. Vierta en un molde cuadrado engrasado y forrado de 23 cm de diámetro.

Para hacer el relleno, combine el azúcar, los copos de maíz y la canela y frote con la mantequilla o margarina, espolvoree sobre el pastel y hornee en el horno precalentado a

180°C/350°F/termostato 4 durante 45 minutos hasta que esté firme al tacto. .

Hongo de plátano

Hace una tarta de 23 cm.

100 g/4 oz/½ taza de mantequilla o margarina, ablandada

100 g/4 oz/½ taza de azúcar en polvo (súper fina)

2 huevos batidos

2 plátanos maduros grandes, triturados

225 g/8 oz/1 taza de harina con levadura (con levadura)

45 ml/3 cucharadas de leche

Para decoración y cobertura:

225 g/8 oz/1 taza de queso crema

30 ml/2 cucharadas. cucharada de dulce y crema fresca

100 g de chips de plátano secos

Batir la mantequilla o margarina y el azúcar hasta que esté suave y esponjosa. Agrega poco a poco los huevos, luego agrega los plátanos y la harina. Agrega la leche hasta que la mezcla tenga la consistencia de una gotita. Vierta en un molde para pasteles de 23 cm/9 cm engrasado y forrado y hornee en el horno precalentado a 180 °C/350 °F/termostato 4 durante aprox. 30 minutos, hasta que al insertar un palillo en el centro éste salga limpio. Desmoldar sobre una rejilla y dejar enfriar, luego cortar por la mitad horizontalmente.

Para hacer el relleno, mezcle el queso crema y la crema agria y use la mitad de la mezcla para emparedar las dos mitades del pastel. Extiende el resto de la mezcla encima y decora con los chips de plátano.

Pastel de plátano rico en fibra

Hace una tarta de 18 cm.

100 g/4 oz/½ taza de mantequilla o margarina, ablandada

50 g/2 oz/¼ taza de azúcar moreno suave

2 huevos, ligeramente batidos

100 g/4 oz/1 taza de harina integral (integral)

10 ml/2 cucharaditas de levadura en polvo

2 plátanos, triturados

Para el llenado:
225 g/8 oz/1 taza de cuajada (requesón suave)

5 ml/1 cucharadita de jugo de limón

15 ml/1 cucharada de miel clara

1 plátano, en rodajas

Flormelis (dulce), tamizada, para espolvorear

Batir la mantequilla o margarina y el azúcar hasta que estén suaves y esponjosos. Agrega poco a poco los huevos, luego agrega la harina y la levadura en polvo. Mezcla suavemente los plátanos. Divida la mezcla entre dos moldes para pastel de 7/18 cm engrasados y forrados y hornee en el horno precalentado durante 30 minutos hasta que esté firme al tacto. Dejar enfriar.

Para hacer el relleno, se baten queso crema, jugo de limón y miel y se untan sobre uno de los pasteles. Coloca las rodajas de plátano encima y luego cúbrelas con el segundo bizcocho. Servir espolvoreado con azúcar glas.

Tarta de plátano y limón

Hace una tarta de 18 cm.

100 g/4 oz/½ taza de mantequilla o margarina, ablandada

175 g/6 oz/¾ taza de azúcar en polvo (superfina)

2 huevos, ligeramente batidos

225 g/8 oz/2 tazas de harina con levadura (con levadura)

2 plátanos, triturados

Para decoración y cobertura:
75 ml/5 cucharadas. cucharada de crema de limón

2 plátanos, en rodajas

45 ml/3 cucharadas de jugo de limón

100 g/4 oz/2/3 taza de azúcar en polvo, tamizada

Batir la mantequilla o margarina y el azúcar hasta que estén suaves y esponjosos. Agrega poco a poco los huevos, batiendo bien después de cada adición, luego agrega la harina y los plátanos. Divida la mezcla en dos moldes para sándwich de 7/18 cm engrasados y forrados y hornee en el horno precalentado a 180 °C/350 °F/termostato 4 durante 30 minutos. Retirar el molde y dejar enfriar.

Sandwich los pasteles con crema de limón y la mitad de las rodajas de plátano. Vierta sobre los 15 ml restantes/1 cucharada de rodajas de plátano. cucharada de jugo de limón. Mezcle el jugo de limón restante con el azúcar glas hasta obtener un glaseado firme (glaseado). Unta el glaseado sobre el bizcocho y decora con las rodajas de plátano.

Pastel De Plátano Y Chocolate Con Licuadora

Hace un pastel de 20 cm

225 g/8 oz/2 tazas de harina con levadura (con levadura)

2,5 ml/½ cucharadita de levadura en polvo

40 g/1½ oz/3 cucharadas de chocolate para beber en polvo

2 huevos

60 ml/4 cucharadas de leche

150 g/5 oz/2/3 taza de azúcar en polvo (superfina)

100 g/4 oz/½ taza de margarina blanda

2 plátanos maduros, picados

Mezclar la harina, la levadura y el chocolate para beber. Licue los ingredientes restantes en una licuadora o procesador de alimentos durante unos 20 segundos; la mezcla se verá cuajada. Vierta los ingredientes secos y mezcle bien. Vierta en un molde para pasteles de 20 cm/8 pulgadas untado con mantequilla y forrado y hornee en el horno precalentado a 180 °C/350 °F/termostato 4 durante aprox. 1 hora, hasta que al insertar un palillo en el centro éste salga limpio. Colóquelo sobre una rejilla para que se enfríe.

Pastel de plátano y maní

Rinde un pastel de 900 g/2 lb

275 g/10 oz/2½ tazas de harina común (para todo uso)

225 g/8 oz/1 taza de azúcar en polvo (súper fina)

100 g/4 oz/1 taza de maní, finamente picado

15 ml/1 cucharada de levadura en polvo

Una pizca de sal

2 huevos, separados

6 plátanos triturados

Ralladura y jugo de 1 limón pequeño

50 g/2 oz/¼ taza de mantequilla o margarina, derretida

Mezclar la harina, el azúcar, las nueces, el polvo para hornear y la sal. Batir las yemas de huevo y agregarlas a la mezcla con los plátanos, la ralladura y el jugo de limón y la mantequilla o margarina. Batir las claras a punto de nieve y luego añadirlas a la mezcla. Vierta en un molde para pan (molde) de 900 g/2 lb engrasado y hornee en un horno precalentado a 180 °C/350 °F/termostato 4 durante 1 hora, hasta que al insertar un palillo en el centro salga solo.

Tarta todo en uno de plátano y pasas

Rinde un pastel de 900 g/2 lb

450 g/1 libra de plátanos maduros, triturados

50 g/2 oz/½ taza de nueces mixtas picadas

120 ml/4 fl oz/½ taza de aceite de girasol

100 g/4 oz/2/3 taza de pasas

75 g/3 oz/¾ taza de copos de avena

150 g/5 oz/1¼ tazas de harina integral (integral)

1,5 ml/¼ cucharadita. cucharadita de esencia de almendras (extracto)

Una pizca de sal

Mezcle todos los ingredientes hasta obtener una mezcla suave y húmeda. Vierta en un molde para pan (molde) de 900 g/2 lb engrasado y forrado y hornee en un horno precalentado a 190 °C/375 °F/termostato 5 durante 1 hora, hasta que se dore y al insertar un palillo en el centro, éste salga limpio. Dejar enfriar en el molde durante 10 minutos antes de retirar.

Tarta de plátano y whisky

Rinde un pastel de 25 cm/10 pulgadas

225 g/8 oz/1 taza de mantequilla o margarina, ablandada

450 g/1 lb/2 tazas de azúcar moreno blando

3 plátanos maduros, triturados

4 huevos, ligeramente batidos

175 g/6 oz/1½ tazas de nueces pecanas, picadas en trozos grandes

225 g/8 oz/11/3 tazas de pasas (pasas doradas)

350 g/12 oz/3 tazas de harina común (para todo uso)

15 ml/1 cucharada de levadura en polvo

5ml/1 cdta. cucharadita de canela molida

2,5 ml/½ cucharadita. cucharadita de jengibre molido

2,5 ml/½ cucharadita de nuez moscada rallada

150ml/¼ pinta/2/3 taza de whisky

Batir la mantequilla o margarina y el azúcar hasta que estén suaves y esponjosos. Agrega los plátanos y luego agrega gradualmente los huevos. Mezcle las nueces y las pasas con una cucharada grande de harina y luego, en un recipiente aparte, mezcle el resto de la harina con el polvo para hornear y las especias. Agrega la harina a la mezcla cremosa, alternando con el whisky. Agregue las nueces y las pasas, vierta la mezcla en un molde para pastel (molde) de 25 cm/10 cm sin engrasar y hornee en el horno precalentado a 180 °C/350 °F/termostato 4 durante 1,5 horas hasta que esté elástico al tacto. Deje enfriar durante 10 minutos en el molde antes de desmoldar sobre una rejilla para terminar de enfriar.

pastel de arándanos

Hace una tarta de 23 cm.

175 g/6 oz/¾ taza de azúcar en polvo (superfina)

60 ml/4 cucharadas de aceite

1 huevo, ligeramente batido

120 ml/4 fl oz/½ taza de leche

225 g/8 oz/2 tazas de harina común (para todo uso)

10 ml/2 cucharaditas de levadura en polvo

2,5 ml/½ cucharadita de sal

225 g/8 oz de arándanos

Para decoración:
50 g/2 oz/¼ taza de mantequilla o margarina, derretida

100 g/4 oz/½ taza de azúcar granulada

50 g/2 oz/¼ taza de harina común (para todo uso)

2,5 ml/½ cucharadita. cucharadita de canela molida

Batir el azúcar, el aceite y los huevos hasta que estén bien combinados y pálidos. Agrega la leche y luego mezcla la harina, la levadura y la sal. Agrega los arándanos. Vierta la mezcla en un molde para pasteles de 23 cm/9 cm engrasado y enharinado. Mezclar los ingredientes para la cobertura y espolvorear sobre la mezcla. Hornee en el horno precalentado a 190 °C/375 °F/termostato 5 durante 50 minutos, hasta que al insertar un palillo en el centro, éste salga limpio. Servir caliente.

Tarta de huesos de cereza

Rinde un pastel de 900 g/2 lb

175 g/6 oz/¾ taza de mantequilla o margarina, ablandada

175 g/6 oz/¾ taza de azúcar en polvo (superfina)

3 huevos batidos

225 g/8 oz/2 tazas de harina común (para todo uso)

2,5 ml/½ cucharadita de levadura en polvo

100 g/4 oz/2/3 taza de pasas (pasas doradas)

150 g/5 oz/2/3 taza de cerezas confitadas, en cuartos

225 g/8 oz de cerezas frescas, sin hueso y partidas por la mitad

30 ml/2 cucharadas de mermelada de albaricoque (reservar)

Batir la mantequilla o la margarina hasta que esté suave, luego agregar el azúcar, agregar los huevos, luego la harina, la levadura, las pasas y las cerezas confitadas. Vierta en un molde para pan (molde) engrasado de 900 g/2 lb y hornee en un horno precalentado a 160 °C/325 °F/termostato de gas 3 durante 2,5 horas. Dejar reposar 5 minutos en el molde y luego desmoldar sobre una rejilla para que termine de enfriarse.

Coloca las cerezas en fila encima del pastel. Llevar a ebullición la mermelada de albaricoque en una cacerola pequeña, luego colar y cepillar la parte superior del pastel para glasear.

Pastel de cereza y coco

Hace un pastel de 20 cm

350 g/12 oz/3 tazas de harina con levadura (con levadura)

175 g/6 oz/¾ taza de mantequilla o margarina

225 g/8 oz/1 taza de cerezas confitadas, en cuartos

100 g/4 oz/1 taza de coco desecado (rallado)

175 g/6 oz/¾ taza de azúcar en polvo (superfina)

2 huevos grandes, ligeramente batidos

200 ml/7 fl oz/pequeño 1 taza de leche

Ponga la harina en un bol y agregue la mantequilla o margarina hasta que la mezcla parezca pan rallado. Echa las cerezas en el coco, luego agrégalas a la mezcla con el azúcar y mezcla ligeramente. Agrega los huevos y la mayor parte de la leche. Batir bien, agregando más leche si es necesario para darle una consistencia de gota suave. Verter en un molde para bizcocho engrasado y forrado de 20 cm de diámetro. Hornee en el horno precalentado a 180 °C/350 °F/termostato 4 durante 1 hora y 30 minutos, hasta que al insertar un palillo en el centro éste salga limpio.

Tarta de cerezas y sultana

Rinde un pastel de 900 g/2 lb

100 g/4 oz/½ taza de mantequilla o margarina, ablandada

100 g/4 oz/½ taza de azúcar en polvo (súper fina)

3 huevos, ligeramente batidos

100 g/4 oz/½ taza de cerezas confitadas (confitadas)

350 g/12 oz/2 tazas de pasas (pasas doradas)

175 g/6 oz/1½ tazas de harina común (para todo uso)

Una pizca de sal

Batir la mantequilla o margarina y el azúcar hasta que estén suaves y esponjosos. Agrega poco a poco los huevos. Mezcle las cerezas y las pasas con un poco de harina para cubrirlas, luego agregue la harina restante a la mezcla junto con la sal. Agregue las cerezas y las pasas. Vierta la mezcla en un molde para pan de 900 g/2 lb engrasado y forrado y hornee en el horno precalentado a 160 °C/325 °F/termostato 3 durante 1 hora y 30 minutos, hasta que se pinche un palillo. insertado en el centro sale limpio.

Pastel helado de cereza y nueces

Hace una tarta de 18 cm.

100 g/4 oz/½ taza de mantequilla o margarina, ablandada

100 g/4 oz/½ taza de azúcar en polvo (súper fina)

2 huevos, ligeramente batidos

15 ml/1 cucharada de miel clara

150 g/5 oz/1¼ tazas de harina con levadura (con levadura)

5 ml/1 cucharadita de levadura en polvo

Una pizca de sal

Para decoración:

225 g/8 oz/11/3 tazas de azúcar en polvo, tamizada

30 ml/2 cucharadas de agua

Unas gotas de colorante rojo

4 cerezas confitadas, cortadas por la mitad

4 mitades de nuez

Batir la mantequilla o margarina y el azúcar hasta que estén suaves y esponjosos. Agrega poco a poco los huevos y la miel, luego la harina, la levadura y la sal. Vierta la mezcla en un molde para pastel (molde) de 18 cm/8 pulgadas engrasado y forrado y hornee en un horno precalentado a 190 °C/375 °F/termostato 5 durante 20 minutos, hasta que esté bien leudado y firme al tacto. Dejar enfriar.

Coloque el azúcar glas en un tazón y agregue gradualmente suficiente agua para hacer un glaseado untable (glaseado). Distribuya la mayor parte sobre la parte superior del pastel. Colorea el resto del glaseado con unas gotas de colorante alimentario, añadiendo un poco de azúcar glas si esto aclara demasiado el glaseado. Rocíe o vierta el glaseado rojo sobre el pastel en cuartos, luego decore con las cerezas confitadas y las nueces.

Pastel de durazno

Hace una tarta de 23 cm.

100 g/4 oz/½ taza de mantequilla o margarina, ablandada

225 g/8 oz/1 taza de azúcar en polvo (súper fina)

3 huevos, separados

450 g/1 lb/4 tazas de harina común (para todo uso)

Una pizca de sal

5 ml/1 cucharadita de levadura en polvo (levadura en polvo)

120 ml/4 fl oz/½ taza de leche

225 g/8 oz/2/3 taza de mermelada de durazno (reservada)

Mezcle la mantequilla o margarina y el azúcar. Agrega poco a poco las yemas de huevo, luego agrega la harina y la sal. Mezcle el bicarbonato de sodio con la leche, luego agregue la mezcla para pastel y luego la mermelada. Batir las claras a punto de nieve y luego añadirlas a la mezcla. Divida entre dos moldes para pasteles (moldes) de 23 cm/9 cm engrasados y forrados y hornee en un horno precalentado a 180 °C/350 °F/termostato de gas 4 durante 25 minutos, hasta que esté bien levado y elástico al tacto.

Tarta de naranja y marsala

Hace una tarta de 23 cm.

175 g/6 oz/1 taza de pasas (pasas doradas)

120 ml/4 fl oz/½ taza de Marsala

175 g/6 oz/¾ taza de mantequilla o margarina, ablandada

100 g/4 oz/½ taza de azúcar moreno suave

225 g/8 oz/1 taza de azúcar en polvo (súper fina)

3 huevos, ligeramente batidos

Cáscara de naranja finamente rallada

5 ml/1 cucharadita de agua de azahar

275 g/10 oz/2½ tazas de harina común (para todo uso)

10 ml/2 cucharaditas de levadura en polvo (levadura en polvo)

Una pizca de sal

375 ml/13 fl oz/1½ tazas de suero de leche

Glaseado de licor de naranja

Remojar las pasas en Marsala durante la noche.

Mezcle la mantequilla o margarina y el azúcar hasta que esté suave y esponjosa. Agrega poco a poco los huevos, luego agrega la ralladura de naranja y el agua de azahar. Agrega la harina, el bicarbonato de sodio y la sal alternativamente con el suero de leche. Agregue las pasas remojadas y el Marsala, divídalo en dos moldes para pastel de 23 cm engrasados y forrados y hornee en el horno precalentado a 180°C/350°F/termostato 4 durante 35 minutos hasta que esté suave al tacto y comience a encogerse. un poco. Dejar enfriar en los moldes durante 10 minutos antes de desmoldar sobre una rejilla para que termine de enfriarse.

Coloque los pasteles en un sándwich con la mitad del glaseado de licor de naranja y luego extienda el resto del glaseado encima.

Tarta de melocotón y pera

Hace una tarta de 23 cm.

175 g/6 oz/¾ taza de mantequilla o margarina, ablandada

150 g/5 oz/2/3 taza de azúcar en polvo (superfina)

2 huevos, ligeramente batidos

75 g/3 oz/¾ taza de harina integral (integral)

75 g/3 oz/¾ taza de harina común (para todo uso)

10 ml/2 cucharaditas de levadura en polvo

15 ml/1 cucharada de leche

2 duraznos, sin hueso, pelados y picados

2 peras, peladas, sin semillas y picadas

30 ml/2 cucharadas de azúcar glas (de confitería) tamizada

Batir la mantequilla o margarina y el azúcar hasta que estén suaves y esponjosos. Agrega poco a poco los huevos, luego agrega la harina y el polvo para hornear, y agrega la leche para darle a la mezcla una consistencia de gotita. Agrega los melocotones y las peras. Vierta la mezcla en un molde para pastel (molde) de 23 cm/9 cm engrasado y forrado y hornee en un horno precalentado a 190 °C/375 °F/termostato 5 durante 1 hora, hasta que suba y esté suave. Deje enfriar durante 10 minutos en el molde antes de desmoldar sobre una rejilla para terminar de enfriar. Espolvorea con azúcar glas antes de servir.

Pastel suave de piña

Hace un pastel de 20 cm

100 g/4 oz/½ taza de mantequilla o margarina

350 g/12 oz/2 tazas de frutas secas mixtas (mezcla para pastel de frutas)

225 g/8 oz/1 taza de azúcar moreno suave

5ml/1 cdta. cucharadita de especias molidas (tarta de manzana)

5 ml/1 cucharadita de levadura en polvo (levadura en polvo)

425 g/15 oz/1 lata grande de piña triturada sin azúcar, escurrida

225 g/8 oz/2 tazas de harina con levadura (con levadura)

2 huevos batidos

Coloca todos los ingredientes excepto la harina y los huevos en una cacerola y calienta suavemente hasta que hierva, revolviendo bien. Cocine uniformemente durante 3 minutos, luego deje que la mezcla se enfríe por completo. Agrega la harina, luego agrega poco a poco los huevos. Vierta la mezcla en un molde para pastel de 20 cm/8 pulgadas engrasado y forrado y hornee en un horno precalentado a 180 °C/350 °F/termostato 4 durante 1,5 a 1,5 horas, hasta que haya subido bien y esté firme al tacto. Déjalo enfriar en el formulario.

Tarta de piña y cereza

Hace un pastel de 20 cm

100 g/4 oz/½ taza de mantequilla o margarina, ablandada

100 g/4 oz/1 taza de azúcar en polvo (súper fina)

2 huevos batidos

225 g/8 oz/2 tazas de harina con levadura (con levadura)

2,5 ml/½ cucharadita de levadura en polvo

2,5 ml/½ cucharadita. cucharadita de canela molida

175 g/6 oz/1 taza de pasas (pasas doradas)

25 g/1 oz/2 cdas. cucharadas de cerezas confitadas

400 g/14 oz/1 lata grande de piña, escurrida y picada

30 ml/2 cucharadas de brandy o ron

Flormelis (dulce), tamizada, para espolvorear

Batir la mantequilla o margarina y el azúcar hasta que estén suaves y esponjosos. Agrega poco a poco los huevos, luego agrega la harina, la levadura en polvo y la canela. Mezcla con cuidado el resto de los ingredientes. Vierta la mezcla en un molde para pastel de 20 cm/8 pulgadas engrasado y forrado y hornee en el horno precalentado a 160 °C/325 °F/termostato 3 durante 1 hora 30 minutos, hasta que al insertar un palillo en el centro salga. Dejar enfriar y servir espolvoreado con azúcar glas.

Tarta natal de piña

Hace una tarta de 23 cm.

50 g/2 oz/¼ taza de mantequilla o margarina

100 g/4 oz/½ taza de azúcar en polvo (súper fina)

1 huevo, ligeramente batido

150 g/5 oz/1¼ tazas de harina con levadura (con levadura)

Una pizca de sal

120 ml/4 fl oz/½ taza de leche

Para decoración:
100 g de piña fresca o enlatada, rallada gruesa

1 manzana para comer (de postre), pelada, sin corazón y rallada gruesa

120 ml/4 fl oz/½ taza de jugo de naranja

15 ml/1 cucharada de jugo de limón

100 g/4 oz/½ taza de azúcar en polvo (súper fina)

5ml/1 cdta. cucharadita de canela molida

Derrita la mantequilla o la margarina, luego agregue el azúcar y los huevos hasta que estén espumosos. Agrega la harina y la sal alternativamente con la leche para hacer una masa. Vierta en un molde para pastel de 23 cm/9 cm engrasado y forrado y hornee en el horno precalentado a 180 °C/350 °F/termostato 4 durante 25 minutos hasta que esté dorado y suave.

Llevar a ebullición todos los ingredientes para el relleno y cocinar a fuego lento durante 10 minutos. Vierta el hot cake encima y cocine a la parrilla (asado) hasta que la piña comience a dorarse. Deje enfriar antes de servir caliente o frío.

piña al revés

Hace un pastel de 20 cm

175 g/6 oz/¾ taza de mantequilla o margarina, ablandada

175 g/6 oz/¾ taza de azúcar moreno suave

400 g/14 oz/1 lata grande de rodajas de piña, escurridas y reservadas el jugo

4 cerezas confitadas, cortadas por la mitad

2 huevos

100 g/4 oz/1 taza de harina con levadura (con levadura)

Batir 75 g/3 oz/1/3 taza de mantequilla o margarina con 75 g/3 oz/1/3 taza de azúcar hasta que esté suave y esponjoso y esparcir sobre la base de un molde para pastel engrasado de 20 cm/8 pulgadas (frente). Coloque las rodajas de piña encima y espolvoree con las cerezas, con el lado redondo hacia abajo. Batir el resto de la mantequilla o margarina y el azúcar, luego incorporar poco a poco los huevos, añadir la harina y 30 ml/2 cucharadas. del jugo de piña reservado. Vierta la piña encima y hornee en el horno precalentado a 180 °C/350 °F/termostato 4 durante 45 minutos hasta que esté firme al tacto. Dejar enfriar en el molde durante 5 minutos, luego retirar con cuidado del molde y colocar sobre una rejilla para que se enfríe.

Tarta de piña y nueces

Hace una tarta de 23 cm.

225 g/8 oz/1 taza de mantequilla o margarina, ablandada

225 g/8 oz/1 taza de azúcar en polvo (súper fina)

5 huevos

350 g/12 oz/3 tazas de harina común (para todo uso)

100 g/4 oz/1 taza de nueces, picadas en trozos grandes

100 g/4 oz/2/3 taza de piña confitada (confitada), picada

un poco de leche

Batir la mantequilla o margarina y el azúcar hasta que estén suaves y esponjosos. Agregue gradualmente los huevos, luego agregue la harina, las nueces y la piña, agregando suficiente leche para formar una consistencia de gotita. Vierta en un molde para pastel de 23 cm de diámetro engrasado y forrado y hornee en el horno precalentado a 150 °C/300 °F/termostato 2 durante 1 hora y 30 minutos, hasta que al insertar un palillo en el centro, éste salga limpio.

pastel de frambuesa

Hace un pastel de 20 cm

100 g/4 oz/½ taza de mantequilla o margarina, ablandada

200 g/7 oz/pequeño 1 taza de azúcar en polvo (superfina)

2 huevos, ligeramente batidos

250 ml/8 fl oz/1 taza de crema agridulce (láctea)

5 ml/1 cucharadita de esencia de vainilla (extracto)

250 g/9 oz/2¼ tazas de harina común (para todo uso)

5 ml/1 cucharadita de levadura en polvo

5 ml/1 cucharadita de levadura en polvo (levadura en polvo)

5ml/1 cdta. cucharadita de cacao (chocolate sin azúcar) en polvo

2,5 ml/½ cucharadita de sal

100 g de frambuesas congeladas frescas o descongeladas

Para decoración:

30 ml/2 cucharadas de azúcar en polvo (superfina)

5ml/1 cdta. cucharadita de canela molida

Mezcle la mantequilla o margarina y el azúcar. Agrega poco a poco los huevos, luego la nata fresca y la esencia de vainilla. Agregue la harina, el polvo para hornear, el bicarbonato de sodio, el cacao y la sal, agregue las frambuesas y vierta en un molde para pastel de 20 cm/8 pulgadas untado con mantequilla. Mezclar el azúcar y la canela y espolvorear la parte superior del bizcocho. Hornee en horno precalentado a 200 ° C / 400 ° F / marca de gas 4 durante 35 minutos, hasta que esté dorado y al insertar una brocheta en el centro, éste salga limpio. Espolvorea con azúcar mezclada con canela.

Pastel de ruibarbo

Hace un pastel de 20 cm

225 g/8 oz/2 tazas de harina integral (integral)

10 ml/2 cucharaditas de levadura en polvo

10 ml/2 cdas. cucharadita de canela molida

45 ml/3 cucharadas de miel clara

175 g/6 oz/1 taza de pasas (pasas doradas)

2 huevos

150 ml/¼ pt/2/3 taza de leche

225 g/8 oz de ruibarbo, picado

30 ml/2 cucharadas de azúcar demerara

Mezclar todos los ingredientes excepto el ruibarbo y el azúcar. Agrega el ruibarbo y vierte en un molde para pasteles de 20 cm engrasado y enharinado. Espolvorea con azúcar. Hornee en horno precalentado a 180 °C/350 °F/termostato de gas 4 durante 45 minutos hasta que esté firme. Dejar enfriar durante 10 minutos en el molde antes de desmoldar.

Pastel de miel y ruibarbo

Rinde dos pasteles de 450 g/1 libra

250 g/9 oz/2/3 taza de miel ligera

120 ml/4 fl oz/½ taza de aceite

1 huevo, ligeramente batido

15 ml/1 cucharada de levadura en polvo (levadura en polvo)

150 ml/¼ pt/2/3 taza de yogur natural

75 ml/5 cucharadas de agua

350 g/12 oz/3 tazas de harina común (para todo uso)

10 ml/2 cucharadita de sal

350 g/12 oz de ruibarbo, finamente picado

5 ml/1 cucharadita de esencia de vainilla (extracto)

50 g/2 oz/½ taza de nueces mixtas picadas

Para decoración:

75 g/3 oz/1/3 taza de azúcar moreno suave

5ml/1 cdta. cucharadita de canela molida

15ml/1 cdta. cucharadas de mantequilla o margarina, derretida

Mezclar la miel y el aceite, luego agregar el huevo. Mezcla el polvo de hornear con el yogur y el agua hasta que se disuelva. Mezclar la harina y la sal y añadir la mezcla de miel alternativamente con el yogur. Agrega ruibarbo, esencia de vainilla y nueces. Vierta en dos moldes para pan (latas) de 450 g/1 libra engrasados y forrados. Mezclar los ingredientes para la cobertura y espolvorear sobre los pasteles. Hornee en un horno precalentado a 160 °C/325 °F/termostato de gas 3 durante 1 hora hasta que la parte superior esté firme al tacto y dorada. Dejar enfriar en los moldes durante 10 minutos y luego desmoldar sobre una rejilla para que termine de enfriarse.

Pastel de remolacha roja

Hace un pastel de 20 cm

250 g/9 oz/1¼ tazas de harina común (para todo uso)

15 ml/1 cucharada de levadura en polvo

5ml/1 cdta. cucharadita de canela molida

Una pizca de sal

150 ml/8 fl oz/1 taza de aceite

300 g/11 oz/11/3 tazas de azúcar en polvo (súper fina)

3 huevos, separados

150 g/5 oz de remolacha cruda, pelada y rallada gruesa

150 g/5 oz de zanahorias ralladas gruesas

100 g/4 oz/1 taza de nueces mixtas picadas

Mezclar la harina, el polvo para hornear, la canela y la sal. Añade el aceite y el azúcar, añade las yemas, la remolacha, las zanahorias y las nueces, bate las claras hasta que estén firmes e incorpóralas a la mezcla con una cuchara de metal. Vierta la mezcla en un molde para pastel de 20 cm/8 pulgadas engrasado y forrado y hornee en un horno precalentado a 180 °C/350 °F/termostato 4 durante 1 hora hasta que esté elástico al tacto.

Pastel de zanahoria y plátano

Hace un pastel de 20 cm

175 g/6 oz de zanahorias ralladas

2 plátanos, triturados

75 g/3 oz/½ taza de pasas (pasas doradas)

50 g/2 oz/½ taza de nueces mixtas picadas

175 g/6 oz/1½ tazas de harina con levadura (con levadura)

5 ml/1 cucharadita de levadura en polvo

5ml/1 cdta. cucharadita de especias molidas (tarta de manzana)

Jugo y ralladura de 1 naranja

2 huevos batidos

75 g/3 oz/1/2 taza de azúcar mascabado light

100 ml/31/2 fl oz/pequeño 1/2 taza de aceite de girasol

Mezcle todos los ingredientes hasta que estén bien combinados. Vierta en un molde para pastel de 20 cm/8 pulgadas untado con mantequilla y forrado y hornee en un horno precalentado a 180 °C/350 °F/termostato 4 durante 1 hora, hasta que al insertar un palillo en el centro, éste salga limpio.

Tarta de zanahoria y manzana

Hace una tarta de 23 cm.

250 g/9 oz/2¼ tazas de harina con levadura (con levadura)

5 ml/1 cucharadita de levadura en polvo (levadura en polvo)

5ml/1 cdta. cucharadita de canela molida

175 g/6 oz/¾ taza de azúcar moreno suave

Cáscara de naranja finamente rallada

3 huevos

200 ml/7 fl oz/poco de aceite 1 taza

150 g/5 oz de manzanas para comer (de postre), peladas, sin corazón y ralladas

150 g/5 oz de zanahorias ralladas

100 g/4 oz/2/3 taza de orejones listos para comer, picados

100 g/4 oz/1 taza de nueces pecanas o nueces, picadas

Mezcle la harina, el bicarbonato de sodio y la canela, luego agregue el azúcar y la ralladura de naranja. Batir los huevos con el aceite, luego agregue la manzana, las zanahorias y dos tercios de los albaricoques y las nueces. Agregue la mezcla de harina y vierta en un molde para bizcocho de 23 cm/9 cm engrasado y forrado (formulario). Espolvorea con los albaricoques y las nueces picados restantes. Hornee en un horno precalentado a 180 °C/350 °F/termostato de gas 4 durante 30 minutos hasta que esté elástico al tacto. Déjalo enfriar un poco en el molde y desmoldalo sobre una rejilla para que termine de enfriarse.

Pastel de zanahoria y canela

Hace un pastel de 20 cm

100 g/4 oz/1 taza de harina integral (integral)

100 g/4 oz/1 taza de harina común (para todo uso)

15ml/1 cdta. cucharada de canela molida

5ml/1 cdta. cucharadita de nuez moscada rallada

10 ml/2 cucharaditas de levadura en polvo

100 g/4 oz/½ taza de mantequilla o margarina

100 g/4 oz/1/3 taza de miel clara

100 g/4 oz/½ taza de azúcar moreno suave

225 g/8 oz de zanahorias ralladas

Mezclar en un bol la harina, la canela, la nuez moscada y la levadura. Derrita la mantequilla o margarina con la miel y el azúcar, luego agréguelos a la harina. Agrega las zanahorias y mezcla bien. Vierta en un molde para pastel de 20 cm/8 pulgadas untado con mantequilla y forrado y hornee en un horno precalentado a 160 °C/325 °F/termostato 3 durante 1 hora, hasta que al insertar un palillo en el centro, éste salga limpio. Deje enfriar en el molde durante 10 minutos, luego colóquelo sobre una rejilla para terminar de enfriar.

Tarta de zanahoria y calabacín

Hace una tarta de 23 cm.

2 huevos

175 g/6 oz/¾ taza de azúcar moreno suave

100 g de zanahorias ralladas

50 g de calabacín (calabacín), rallado

75 ml/5 cucharadas de aceite

225 g/8 oz/2 tazas de harina con levadura (con levadura)

2,5 ml/½ cucharadita de levadura en polvo

5ml/1 cdta. cucharadita de especias molidas (tarta de manzana)

Glaseado de queso

Mezclar los huevos, el azúcar, las zanahorias, el calabacín y el aceite. Agregue la harina, el polvo para hornear y las especias mixtas y mezcle hasta obtener una masa suave. Vierta en un molde para pastel de 9/23 cm engrasado y forrado y hornee en el horno precalentado a 180 °C/350 °F/termostato 4 durante 30 minutos, hasta que al insertar un palillo en el centro, éste salga limpio. Deje enfriar y luego unte con glaseado de queso crema.

Pastel de zanahoria y jengibre

Hace un pastel de 20 cm

175 g/6 oz/2/3 taza de mantequilla o margarina

100 g/4 oz/1/3 taza de almíbar dorado (maíz claro)

120 ml/4 fl oz/½ taza de agua

100 g/4 oz/½ taza de azúcar moreno suave

150 g/5 oz de zanahorias ralladas gruesas

5 ml/1 cucharadita de levadura en polvo (levadura en polvo)

200 g/7 oz/1¾ tazas de harina común (para todo uso)

100 g/4 oz/1 taza de harina con levadura (con levadura)

5ml/1 cdta. cucharadita de jengibre molido

Una pizca de sal

Para el glaseado (glaseado):

175 g/6 oz/1 taza de azúcar en polvo (para repostería), tamizada

5ml/1 cdta. cucharadita de mantequilla o margarina blanda

30 ml/2 cucharadas de jugo de limón

Derretir la mantequilla o margarina con el almíbar, el agua y el azúcar y luego llevar a ebullición. Retirar del fuego, agregar las zanahorias y el polvo para hornear y dejar enfriar. Mezclar la harina, el jengibre y la sal, verter en un molde para pan de 20 cm/8 pulgadas engrasado y hornear en el horno precalentado a 180 °C/350 °F/termostato 4 durante 45 minutos, hasta que el tubo haya subido bien. Retirar el molde y dejar enfriar.

Mezcle el azúcar glas con mantequilla o margarina y suficiente jugo de limón para hacer un glaseado untable. Corte el pastel por la mitad horizontalmente, luego use la mitad del glaseado para pellizcar el pastel y colocar o esparcir el resto encima.

Tarta de zanahoria y nueces

Hace una tarta de 18 cm.

2 huevos grandes, separados

150 g/5 oz/2/3 taza de azúcar en polvo (superfina)

225 g/8 oz de zanahorias ralladas

150 g/5 oz/1¼ tazas de nueces mixtas picadas

10 ml/2 cdas. cucharadita de piel de limón rallada

50 g/2 oz/½ taza de harina común (para todo uso)

2,5 ml/½ cucharadita de levadura en polvo

Batir las yemas de huevo y el azúcar hasta que estén espesos y cremosos. Agrega las zanahorias, las nueces y la ralladura de limón, luego agrega la harina y el polvo para hornear, bate las claras hasta que se formen picos suaves y luego incorpora a la mezcla. Formar un molde cuadrado engrasado de 19cm/7. Hornee en el horno precalentado a 180 °C/350 °F/termostato 4 durante 40-45 minutos, hasta que al insertar un palillo en el centro, éste salga limpio.

Tarta de zanahoria, naranja y nueces

Hace un pastel de 20 cm

100 g/4 oz/½ taza de mantequilla o margarina, ablandada

100 g/4 oz/½ taza de azúcar moreno suave

5ml/1 cdta. cucharadita de canela molida

5ml/1 cdta. cucharadita de piel de naranja rallada

2 huevos, ligeramente batidos

15 ml/1 cucharada de zumo de naranja

100 g de zanahorias finamente ralladas

50 g/2 oz/½ taza de nueces mixtas picadas

225 g/8 oz/2 tazas de harina con levadura (con levadura)

5 ml/1 cucharadita de levadura en polvo

Mezcle la mantequilla o margarina, el azúcar, la canela y la cáscara de naranja hasta que esté suave y esponjosa. Agrega poco a poco los huevos y el jugo de naranja, luego las zanahorias, las nueces, la harina y la levadura. Vierta en un molde para pastel de 20 cm/8 pulgadas engrasado y forrado y hornee en un horno precalentado a 180 °C/350 °F/termostato 4 durante 45 minutos hasta que esté elástico al tacto.

Tarta de zanahoria, piña y coco

Rinde un pastel de 25 cm/10 pulgadas

3 huevos

350 g/12 oz/1½ tazas de azúcar en polvo (súper fina)

300 ml/½ pt/1¼ tazas de aceite

5 ml/1 cucharadita de esencia de vainilla (extracto)

225 g/8 oz/2 tazas de harina común (para todo uso)

5 ml/1 cucharadita de levadura en polvo (levadura en polvo)

10 ml/2 cdas. cucharadita de canela molida

5 ml/1 cucharadita de sal

225 g/8 oz de zanahorias ralladas

100 g de piña enlatada, escurrida y triturada

100 g/4 oz/1 taza de coco desecado (rallado)

100 g/4 oz/1 taza de nueces mixtas picadas

Flormelis (dulce), tamizada, para espolvorear

Batir los huevos, el azúcar, el aceite y la esencia de vainilla. Mezclar la harina, el bicarbonato, la canela y la sal y agregar poco a poco a la mezcla. Agregue las zanahorias, la piña, el coco y las nueces, vierta en un molde para pastel de 25 cm/10 engrasado y enharinado y hornee en el horno precalentado a 160 °C/325 °F/termostato 3 durante 1 hora y 30 minutos, hasta que se inserte un palillo. el medio sale limpio. Deje enfriar durante 10 minutos en el molde antes de desmoldar sobre una rejilla para terminar de enfriar. Espolvorea con azúcar glas antes de servir.

Tarta de zanahoria y pistacho

Hace una tarta de 23 cm.

100 g/4 oz/½ taza de mantequilla o margarina, ablandada

100 g/4 oz/½ taza de azúcar en polvo (súper fina)

2 huevos

225 g/8 oz/2 tazas de harina común (para todo uso)

5 ml/1 cucharadita de levadura en polvo (levadura en polvo)

5ml/1 cdta. cucharadita de cardamomo molido

225 g/8 oz de zanahorias ralladas

50 g/2 oz/½ taza de pistachos, picados

50 g/2 oz/½ taza de almendras molidas

100 g/4 oz/2/3 taza de pasas (pasas doradas)

Batir la mantequilla o margarina y el azúcar hasta que estén suaves y esponjosos. Agrega poco a poco los huevos, batiendo bien después de cada adición, luego agrega la harina, el bicarbonato y el cardamomo. Agrega las zanahorias, las nueces, las almendras molidas y las pasas, vierte la mezcla en un molde para pastel (molde) de 23 cm/9 cm engrasado y forrado y hornea en el horno precalentado a 180 °C/350 °F/termostato 4 durante 40 minutos hasta que queda esponjoso, dorado y suave al tacto.

Tarta de zanahoria y nueces

Hace una tarta de 23 cm.

200 ml/7 fl oz/poco de aceite 1 taza

4 huevos

225 g/8 oz/2/3 taza de miel ligera

225 g/8 oz/2 tazas de harina integral (integral)

10 ml/2 cucharaditas de levadura en polvo

2,5 ml/½ cucharadita de levadura en polvo (levadura en polvo)

Una pizca de sal

5 ml/1 cucharadita de esencia de vainilla (extracto)

175 g/6 oz de zanahorias ralladas gruesas

175 g/6 oz/1 taza de pasas

100 g/4 oz/1 taza de nueces, finamente picadas

Mezclar aceite, huevo y miel. Agregue gradualmente todos los ingredientes restantes y bata hasta que estén bien combinados. Vierta en un molde para pastel de 23 cm engrasado y enharinado y hornee en el horno precalentado a 180°C/350°F/termostato 4 durante 1 hora, hasta que al insertar un palillo en el centro, éste salga limpio.

Pastel de zanahoria especiado

Hace una tarta de 18 cm.

175 g/6 oz/1 taza de dátiles

120 ml/4 fl oz/½ taza de agua

175 g/6 oz/¾ taza de mantequilla o margarina, ablandada

2 huevos, ligeramente batidos

225 g/8 oz/2 tazas de harina con levadura (con levadura)

175 g/6 oz de zanahorias finamente ralladas

25 g/1 oz/¼ taza de almendras molidas

Piel rallada de 1 naranja

2,5 ml/½ cucharadita. cucharadita de especias molidas (tarta de manzana)

2,5 ml/½ cucharadita. cucharadita de canela molida

2,5 ml/½ cucharadita. cucharadita de jengibre molido

Para el glaseado (glaseado):
350 g/12 oz/1½ tazas de requesón

25 g/1 oz/2 cdas. cucharadas de mantequilla o margarina, ablandada

Piel rallada de 1 naranja

Ponga los dátiles y el agua en una cacerola pequeña, llévelos a ebullición y cocine a fuego lento durante 10 minutos hasta que estén tiernos. Retire y deseche las semillas (huesos), luego pique finamente los dátiles. Mezcle los dátiles y el líquido, la mantequilla o margarina y los huevos hasta que quede cremoso. Mezcla todos los demás ingredientes del pastel. Vierta la mezcla en un molde para pastel de 7/18 cm engrasado y forrado y hornee en el horno precalentado a 180 °C/350 °F/termostato 4 durante 1 hora, hasta que al insertar un palillo en el centro salga. Deje enfriar durante 10 minutos en el molde antes de desmoldar sobre una rejilla para terminar de enfriar.

Para hacer el glaseado, bate todos los ingredientes hasta tener una consistencia untable, agregando un poco más de jugo de naranja o agua si es necesario. Cortar el bizcocho por la mitad de forma horizontal, emparedar las capas con la mitad del glaseado y esparcir el resto encima.

Pastel de zanahoria con azúcar moreno

Hace una tarta de 18 cm.

5 huevos, separados

200 g/7 oz/pequeño 1 taza de azúcar moreno suave

15 ml/1 cucharada de jugo de limón

300 g/10 oz de zanahorias ralladas

225 g/8 oz/2 tazas de almendras molidas

25 g/1 oz/¼ taza de harina integral (integral)

5ml/1 cdta. cucharadita de canela molida

25 g/1 oz/2 cdas. cucharadas de mantequilla o margarina, derretida

25 g/1 oz/2 cucharadas de azúcar en polvo (súper fina)

30 ml/2 cucharadas de nata simple (light)

75 g/3 oz/¾ taza de nueces mixtas picadas

Batir las yemas de huevo hasta que estén espumosas, agregar el azúcar hasta que quede suave, luego agregar el jugo de limón, agregar un tercio de las zanahorias, luego un tercio de las almendras y continuar hasta que estén todos combinados. Agrega la harina y la canela. Batir las claras a punto de nieve y luego incorporarlas a la mezcla con una cuchara de metal. Vierta en un molde para pasteles de 7/18 cm de profundidad engrasado y forrado y hornee en el horno precalentado a 180 °C/350 °F/termostato 4 durante 1 hora. Cubra el pastel sin apretar con papel de hornear (encerado) y reduzca la temperatura del horno a 160 °C/325 °F/termostato de gas 3 durante 15 minutos más, o hasta que el pastel se encoja ligeramente de los lados del molde y el centro aún esté firme. húmedo. Deje el pastel en el molde hasta que esté apenas tibio, luego retírelo del molde para que termine de enfriarse.

Mezclar mantequilla o margarina derretida, azúcar, nata y nueces, verter sobre el bizcocho y freír a fuego medio (grill) hasta que se doren.

Tarta de calabacín y tuétano

Hace un pastel de 20 cm

225 g/8 oz/1 taza de azúcar en polvo (súper fina)

2 huevos batidos

120 ml/4 fl oz/½ taza de aceite

100 g/4 oz/1 taza de harina común (para todo uso)

5 ml/1 cucharadita de levadura en polvo

2,5 ml/½ cucharadita de levadura en polvo (levadura en polvo)

2,5 ml/½ cucharadita de sal

100 g de calabacín (zucchini), rallado

100 g de piña triturada

50 g/2 oz/½ taza de nueces picadas

5 ml/1 cucharadita de esencia de vainilla (extracto)

Batir el azúcar y los huevos hasta que estén pálidos y bien combinados. Agrega el aceite y luego los ingredientes secos. Agrega el calabacín, la piña, las nueces y la esencia de vainilla. Vierta en un molde para pastel de 20 cm engrasado y enharinado y hornee en el horno precalentado a 180°C/350°F/termostato 4 durante 1 hora, hasta que al insertar un palillo en el centro, éste salga limpio. Deje enfriar durante 30 minutos en el molde antes de desmoldar sobre una rejilla para terminar de enfriar.

Tarta de calabacín y naranja

Rinde un pastel de 25 cm/10 pulgadas

225 g/8 oz/1 taza de mantequilla o margarina, ablandada

450 g/1 lb/2 tazas de azúcar moreno blando

4 huevos, ligeramente batidos

275 g/10 oz/2½ tazas de harina común (para todo uso)

15 ml/1 cucharada de levadura en polvo

2,5 ml/½ cucharadita de sal

5ml/1 cdta. cucharadita de canela molida

2,5 ml/½ cucharadita de nuez moscada rallada

Una pizca de clavo molido

Piel rallada y zumo de 1 naranja.

225 g/8 oz/2 tazas de calabacín (zucchini), rallado

Batir la mantequilla o margarina y el azúcar hasta que estén suaves y esponjosos. Agrega poco a poco los huevos, luego agrega la harina, la levadura en polvo, la sal y las especias, alternando con la ralladura de naranja y el jugo. Agrega el calabacín. Vierta en un molde para pastel de 25 cm/10 engrasado y forrado y hornee en un horno precalentado a 180 °C/350 °F/termostato 4 durante 1 hora hasta que esté dorado y suave al tacto. Si la parte superior comienza a dorarse demasiado hacia el final de la cocción, cubra con papel pergamino (encerado).

Pastel de calabacín picante

Rinde un pastel de 25 cm/10 pulgadas

350 g/12 oz/3 tazas de harina común (para todo uso)

10 ml/2 cucharaditas de levadura en polvo

7,5 ml/1½ cucharadita. cucharadita de canela molida

5 ml/1 cucharadita de levadura en polvo (levadura en polvo)

2,5 ml/½ cucharadita de sal

8 claras de huevo

450 g/1 lb/2 tazas de azúcar en polvo (superfina)

100 g/4 oz/1 taza de puré de manzana (salsa)

120 ml/4 fl oz/½ taza de suero de leche

15 ml/1 cucharada de esencia de vainilla (extracto)

5ml/1 cdta. cucharadita de piel de naranja finamente rallada

350 g/12 oz/3 tazas de calabacín (zucchini), rallado

75 g/3 oz/¾ taza de nueces picadas

Para decoración:

100 g/4 oz/½ taza de queso crema

25 g/1 oz/2 cdas. cucharadas de mantequilla o margarina, ablandada

5ml/1 cdta. cucharadita de piel de naranja finamente rallada

10ml/2 cucharaditas de zumo de naranja

350 g/12 oz/2 tazas de azúcar en polvo (para repostería), tamizada

Mezclar los ingredientes secos. Batir las claras hasta que se formen picos suaves. Agrega lentamente el azúcar, luego el puré de manzana, el suero de leche, la esencia de vainilla y la ralladura de naranja. Agrega la mezcla de harina, luego el calabacín y las nueces. Vierta en un molde para pastel de 25 cm / 10 engrasado y enharinado y hornee en el horno precalentado a 150 ° C / 300 ° F / marca de gas 2 durante 1 hora, hasta que al insertar un palillo en el centro, éste salga limpio. Déjalo enfriar en el formulario.

Batir todos los ingredientes para el relleno hasta que quede suave, agregando suficiente azúcar para obtener una consistencia untable. Distribuir sobre el bizcocho enfriado.

Pastel de calabaza

Hace un pastel de 23 x 33 cm/9 x 13 pulgadas

450 g/1 lb/2 tazas de azúcar en polvo (superfina)

4 huevos batidos

375 ml/13 fl oz/1½ tazas de aceite

350 g/12 oz/3 tazas de harina común (para todo uso)

15 ml/1 cucharada de levadura en polvo

10 ml/2 cucharaditas de levadura en polvo (levadura en polvo)

10 ml/2 cdas. cucharadita de canela molida

2,5 ml/½ cucharadita. cucharadita de jengibre molido

Una pizca de sal

225 g/8 oz de calabaza cocida en cubos

100 g/4 oz/1 taza de nueces picadas

Batir el azúcar y los huevos, luego agregar el aceite y mezclar con el resto de los ingredientes. Vierta en un molde de 23 x 33 cm/9 x 13 engrasado y enharinado y hornee en el horno precalentado a 180 °C/350 °F/termostato 4 durante 1 hora, hasta que al insertar un palillo en el centro salga. Para hacer las tareas del hogar.

Tarta de calabaza con fruta

Hace un pastel de 20 cm

100 g/4 oz/½ taza de mantequilla o margarina, ablandada

150 g/5 oz/2/3 taza de azúcar moreno suave

2 huevos, ligeramente batidos

225 g/8 oz de calabaza cocida fría

30 ml/2 cucharadas. cucharada de almíbar dorado (maíz claro)

225 g/8 oz 1/1/3 taza de frutas secas mixtas (mezcla para pastel de frutas)

225 g/8 oz/2 tazas de harina con levadura (con levadura)

50 g/2 oz/½ taza de salvado

Batir la mantequilla o margarina y el azúcar hasta que estén suaves y esponjosos. Agrega poco a poco los huevos, luego agrega el resto de los ingredientes. Vierta en un molde para pastel de 20 cm/8 pulgadas engrasado y forrado y hornee en el horno precalentado a 160 °C/325 °F/termostato 3 durante 1 hora y 30 minutos, hasta que al insertar un palillo en el centro, éste salga limpio.

Rollo de calabaza y especias

Haga un rollo de 30 cm/12 pulgadas

75 g/3 oz/¾ taza de harina común (para todo uso)

5 ml/1 cucharadita de levadura en polvo (levadura en polvo)

5ml/1 cdta. cucharadita de jengibre molido

2,5 ml/½ cucharadita de nuez moscada rallada

10 ml/2 cdas. cucharadita de canela molida

Una pizca de sal

1 huevo

225 g/8 oz/1 taza de azúcar en polvo (súper fina)

100 g de calabaza cocida cortada en cubitos

5 ml/1 cucharadita de jugo de limón

4 claras de huevo

50 g/2 oz/½ taza de nueces picadas

50 g/2 oz/1/3 taza de azúcar en polvo (para repostería), tamizada

Para el llenado:

175 g/6 oz/1 taza de azúcar en polvo (para repostería), tamizada

100 g/4 oz/½ taza de queso crema

2,5 ml/½ cucharadita de esencia de vainilla (extracto)

Mezcle la harina, el bicarbonato de sodio, las especias y la sal. Batir el huevo hasta que esté espeso y pálido, luego agregar el azúcar hasta que la mezcla esté pálida y cremosa. Agrega la calabaza y el jugo de limón, agrega la mezcla de harina y en un recipiente limpio bate las claras a punto de nieve. Agregue la mezcla del pastel y extiéndala en un panecillo suizo de 30 x 12 cm/12 x 8 (molde para hornear) engrasado y forrado y espolvoree con nueces encima. Hornee en horno precalentado a 190 °C/375 °F/termostato 5 durante 10 minutos hasta que esté suave al tacto. Tamiza el azúcar glas sobre un paño de cocina limpio (torchon) y voltea el pastel sobre el paño de cocina. Retire el papel de aluminio y enrolle el pastel y la toalla, luego déjelo enfriar.

Para hacer el relleno, mezcla poco a poco el azúcar con el queso crema y la esencia de vainilla hasta tener una mezcla untable. Estirar el bizcocho y esparcir el relleno encima. Enrollar de nuevo el bizcocho y meterlo en el frigorífico antes de servir, espolvoreado con un poco más de azúcar glas.

Ruibarbo y pan de jengibre

Rinde dos pasteles de 450 g/1 libra

250 g/9 oz/¾ taza de miel clara

100 ml/4 fl oz/½ taza de aceite

1 huevo

5 ml/1 cucharadita de levadura en polvo (levadura en polvo)

60 ml/4 cucharadas de agua

350 g/12 oz/3 tazas de harina integral (integral)

10 ml/2 cucharadita de sal

350 g/12 oz de ruibarbo, finamente picado

5 ml/1 cucharadita de esencia de vainilla (extracto)

50 g/2 oz/½ taza de nueces mixtas picadas (opcional)

Para decoración:
75 g/3 oz/1/3 taza de azúcar mascabado

5ml/1 cdta. cucharadita de canela molida

15 g/½ oz/1 cucharadita. cucharadas de mantequilla o margarina, ablandada

Mezclar miel y aceite. Agrega el huevo y bate bien. Agrega el polvo de hornear al agua y deja que se disuelva. Mezclar la harina y la sal. Agregue a la mezcla de miel alternativamente con la mezcla de polvo para hornear. Agregue el ruibarbo, la esencia de vainilla y las nueces si es necesario. Vierta en dos moldes para pan engrasados de 450 g/1 libra. Mezcla los ingredientes para la cobertura y extiéndelos sobre la mezcla del pastel. Hornee en un horno precalentado a 180 °C/350 °F/termostato de gas 4 durante 1 hora hasta que esté elástico al tacto.

pastel de batata

Hace una tarta de 23 cm.

300 g/11 oz/2¾ tazas de harina común (para todo uso)

15 ml/1 cucharada de levadura en polvo

5ml/1 cdta. cucharadita de canela molida

5ml/1 cdta. cucharadita de nuez moscada rallada

Una pizca de sal

350 g/12 oz/1¾ tazas de azúcar en polvo (súper fina)

375 ml/13 fl oz/1½ tazas de aceite

60 ml/4 cucharadas de agua hervida

4 huevos, separados

225 g/8 oz de batatas, peladas y ralladas gruesas

100 g/4 oz/1 taza de nueces mixtas picadas

5 ml/1 cucharadita de esencia de vainilla (extracto)

Para el glaseado (glaseado):

225 g/8 oz/11/3 tazas de azúcar en polvo, tamizada

50 g/2 oz/¼ taza de mantequilla o margarina, ablandada

250g/9oz/1 queso crema mediano

50 g/2 oz/½ taza de nueces mixtas picadas

Una pizca de canela molida para espolvorear

Mezclar la harina, la levadura en polvo, la canela, la nuez moscada y la sal. Batir el azúcar y el aceite, luego agregar el agua hirviendo y batir hasta que se combinen. Agregue las yemas de huevo y la mezcla de harina y mezcle hasta que se combinen. Agrega los camotes, las nueces y la esencia de vainilla. Batir las claras a punto de nieve y luego añadirlas a la mezcla. Divida entre dos moldes para pasteles (moldes) de 23 cm/9 cm engrasados y enharinados y hornee en un horno precalentado a 180 °C/350 °F/termostato 4 durante 40 minutos hasta que esté suave al tacto. Deje enfriar durante 5 minutos en los moldes, luego colóquelo sobre una rejilla para terminar de enfriar.

Mezclar el azúcar glas, la mantequilla o margarina y la mitad del queso crema. Unte la mitad del queso crema restante sobre un pastel y luego esparza el glaseado sobre el queso. Unte con mantequilla los pasteles. Unte el queso crema restante encima y espolvoree nueces y canela encima antes de servir.

pastel de almendras italiano

Hace un pastel de 20 cm

1 huevo

150 ml/¼ pt/2/3 taza de leche

2,5 ml/½ cucharadita. cucharadita de esencia de almendras (extracto)

45 ml/3 cucharadas. cucharada de mantequilla derretida

350 g/12 oz/3 tazas de harina común (para todo uso)

100 g/4 oz/½ taza de azúcar en polvo (súper fina)

10 ml/2 cucharaditas de levadura en polvo

2,5 ml/½ cucharadita de sal

1 clara de huevo

100 g/4 oz/1 taza de almendras picadas

Batir el huevo en un bol, luego agregar poco a poco la leche, la esencia de almendras y la mantequilla derretida, batiendo constantemente. Agrega la harina, el azúcar, la levadura y la sal y continúa mezclando hasta que quede suave. Vierta en un molde para pasteles de 20 cm/8 pulgadas engrasado y forrado. Batir las claras hasta que estén espumosas, luego untar generosamente la parte superior del bizcocho y espolvorear con almendras. Hornee en horno precalentado a 220 °C/425 °F/termostato 7 durante 25 minutos hasta que esté dorado y suave al tacto.

Tarta de almendras y café

Hace una tarta de 23 cm.

8 huevos, separados

175 g/6 oz/¾ taza de azúcar en polvo (superfina)

60 ml/4 cucharadas de café negro fuerte

175 g/6 oz/1½ tazas de almendras molidas

45 ml/3 cucharadas de sémola (crema de trigo)

100 g/4 oz/1 taza de harina común (para todo uso)

Batir las yemas y el azúcar hasta que estén muy espesos y cremosos. Agrega el café, las almendras en polvo y la sémola y bate bien. Agrega la harina. Batir las claras a punto de nieve y luego añadirlas a la mezcla. Vierta en un molde para pastel de 23 cm/9 cm untado con mantequilla y hornee en un horno precalentado a 180 °C/350 °F/termostato 4 durante 45 minutos, hasta que esté elástico al tacto.

Almendras y pan de jengibre

Hace un pastel de 20 cm

225 g/8 oz de zanahorias ralladas

75 g/3 oz/¾ taza de almendras picadas

2 huevos batidos

100 ml/4 fl oz/½ taza de miel clara

60 ml/4 cucharadas de aceite

150 ml/¼ pt/2/3 taza de leche

150 g/5 oz/1¼ tazas de harina integral (integral)

10 ml/2 cucharadita de sal

10 ml/2 cucharaditas de levadura en polvo (levadura en polvo)

15ml/1 cdta. cucharada de canela molida

Mezclar zanahorias y nueces. Batir los huevos con la miel, el aceite y la leche, luego agregar la mezcla de zanahoria. Mezcle la harina, la sal, el bicarbonato de sodio y la canela y agregue a la mezcla de zanahoria. Vierta la mezcla en un molde (molde) cuadrado de 20 cm/8 pulgadas engrasado y forrado y hornee en el horno precalentado a 150°C/300°F/termostato 2 durante 1¾ horas, hasta que al insertar un palillo en el centro, éste salga limpio. Dejar enfriar durante 10 minutos en el molde antes de desmoldar.

Tarta de almendras y limón

Hace una tarta de 23 cm.

25 g/1 oz/¼ taza de almendras en hojuelas (picadas)

100 g/4 oz/½ taza de mantequilla o margarina, ablandada

100 g/4 oz/½ taza de azúcar moreno suave

2 huevos batidos

100 g/4 oz/1 taza de harina con levadura (con levadura)

Ralladura de 1 limón

Para el almíbar:
75 g/3 oz/1/3 taza de azúcar en polvo (superfina)

45 a 60 ml/3 a 4 cucharadas de jugo de limón

Engrasar y forrar un molde para bizcocho de 23 cm/9 cm y espolvorear la base con almendras. Batir la mantequilla y el azúcar moreno. Batir los huevos uno a uno, luego agregar la harina y la ralladura de limón. Vierta en el molde preparado y nivele la superficie. Hornee en un horno precalentado a 180 °C/350 °F/termostato de gas 4 durante 20-25 minutos hasta que haya subido bien y esté elástico al tacto.

Mientras tanto, calentar el azúcar glas y el jugo de limón en una cacerola, revolviendo ocasionalmente, hasta que el azúcar se haya disuelto. Retire el pastel del horno y déjelo enfriar durante 2 minutos, luego colóquelo sobre una rejilla, con la parte inferior hacia arriba. Verter sobre el almíbar y dejar enfriar por completo.

Pastel de naranja y almendras

Hace un pastel de 20 cm

225 g/8 oz/1 taza de mantequilla o margarina, ablandada

225 g/8 oz/1 taza de azúcar en polvo (súper fina)

4 huevos, separados

225 g/8 oz/2 tazas de harina común (para todo uso)

10 ml/2 cucharaditas de levadura en polvo

50 g/2 oz/½ taza de almendras molidas

5ml/1 cdta. cucharadita de piel de naranja rallada

Batir la mantequilla o margarina y el azúcar hasta que estén suaves y esponjosos. Batir las yemas y luego añadir la harina, la levadura en polvo, la almendra en polvo y la piel de naranja. Batir las claras a punto de nieve y luego incorporarlas a la mezcla con una cuchara de metal. Vierta en un molde para pastel de 20 cm/8 pulgadas untado con mantequilla y forrado y hornee en un horno precalentado a 180 °C/350 °F/termostato 4 durante 1 hora, hasta que al insertar un palillo en el centro, éste salga limpio.

Rica tarta de almendras

Hace una tarta de 18 cm.

100 g/4 oz/½ taza de mantequilla o margarina, ablandada

150 g/5 oz/2/3 taza de azúcar en polvo (superfina)

3 huevos, ligeramente batidos

75 g/3 oz/¾ taza de almendras molidas

50 g/2 oz/½ taza de harina común (para todo uso)

Unas gotas de esencia de almendras (extracto)

Batir la mantequilla o margarina y el azúcar hasta que estén suaves y esponjosos. Agrega poco a poco los huevos, luego agrega la almendra en polvo, la harina y la esencia de almendras. Vierta en un molde para pastel de 7/18 cm engrasado y forrado y hornee en un horno precalentado a 180 °C/350 °F/termostato 4 durante 45 minutos hasta que esté elástico al tacto.

Pastel de macarrones sueco

Hace una tarta de 23 cm.

100 g/4 oz/1 taza de almendras molidas

75 g/3 oz/1/3 taza de azúcar granulada

5 ml/1 cucharadita de levadura en polvo

2 claras de huevo grandes, batidas

Mezclar las almendras, el azúcar y la levadura en polvo. Batir las claras hasta que la mezcla esté espesa y suave. Vierta en un molde para sándwich (molde) de 23 cm/9 cm engrasado y forrado y hornee en un horno precalentado a 160 °C/325 °F/termostato 3 durante 20-25 minutos hasta que suba y se dore. Formar con mucho cuidado ya que el bizcocho es frágil.

pan de coco

Rinde una hogaza de 450 g/1 libra

100 g/4 oz/1 taza de harina con levadura (con levadura)

225 g/8 oz/1 taza de azúcar en polvo (súper fina)

100 g/4 oz/1 taza de coco desecado (rallado)

1 huevo

120 ml/4 fl oz/½ taza de leche

Una pizca de sal

Mezclar bien todos los ingredientes y verter en un molde para pan (molde) engrasado y forrado de 450 g/1 libra. Hornee en un horno precalentado a 180 °C/350 °F/termostato de gas 4 durante aproximadamente 1 hora, hasta que esté dorado y suave al tacto.

tarta de coco

Hace una tarta de 23 cm.

75 g/3 oz/1/3 taza de mantequilla o margarina

150 ml/¼ pt/2/3 taza de leche

2 huevos, ligeramente batidos

225 g/8 oz/1 taza de azúcar en polvo (súper fina)

150 g/5 oz/1¼ tazas de harina con levadura (con levadura)

Una pizca de sal

Para decoración:
100 g/4 oz/½ taza de mantequilla o margarina

75 g/3 oz/¾ taza de coco desecado (rallado)

60 ml/4 cdas. cucharada de miel ligera

45 ml/3 cucharadas de leche

50 g/2 oz/¼ taza de azúcar moreno suave

Derrita la mantequilla o margarina en la leche y luego déjela enfriar un poco. Batir los huevos y el azúcar glas hasta que estén suaves y esponjosos, luego incorporar la mezcla de mantequilla y leche, agregar la harina y la sal hasta obtener una mezcla bastante fina. Vierta en un molde para pastel de 23 cm/9 cm engrasado y forrado y hornee en un horno precalentado a 180 °C/350 °F/termostato 4 durante 40 minutos, hasta que esté dorado y suave al tacto.

Mientras tanto, hierva los ingredientes del relleno en una cacerola. Forma el bizcocho tibio y vierte la mezcla del relleno sobre él. Colóquelo debajo de una parrilla caliente (asadores) durante unos minutos hasta que la cobertura comience a dorarse.

pastel de coco dorado

Hace un pastel de 20 cm

100 g/4 oz/½ taza de mantequilla o margarina, ablandada

200 g/7 oz/pequeño 1 taza de azúcar en polvo (superfina)

200 g/7 oz/1¾ tazas de harina común (para todo uso)

10 ml/2 cucharaditas de levadura en polvo

Una pizca de sal

175 ml/6 fl oz/¾ taza de leche

3 claras de huevo

Para decoración y cobertura:

150 g/5 oz/1¼ tazas de coco desecado (rallado)

200 g/7 oz/pequeño 1 taza de azúcar en polvo (superfina)

120 ml/4 fl oz/½ taza de leche

120 ml/4 fl oz/½ taza de agua

3 yemas de huevo

Batir la mantequilla o margarina y el azúcar hasta que estén suaves y esponjosos. Agrega harina, levadura y sal a la mezcla alternando con leche y agua hasta obtener una masa suave. Batir las claras a punto de nieve y luego incorporarlas a la masa. Divida la mezcla entre dos moldes para pastel engrasados de 20 cm/8 pulgadas y hornee en un horno precalentado a 180 °C/350 °F/termostato 4 durante 25 minutos, hasta que esté elástico al tacto. Dejar enfriar.

Pon en una cacerola pequeña el coco, el azúcar, la leche y las yemas de huevo. Calienta a fuego lento durante unos minutos hasta que los huevos estén cocidos, revolviendo constantemente. Dejar enfriar. Coloca los pasteles en un sándwich con la mitad de la mezcla de coco y luego vierte el resto encima.

Pastel con cubierta de coco

Rinde un pastel de 9 x 18 cm/3½ x 7 pulgadas

100 g/4 oz/½ taza de mantequilla o margarina, ablandada

175 g/6 oz/¾ taza de azúcar en polvo (superfina)

3 huevos

175 g/6 oz/1½ tazas de harina común (para todo uso)

5 ml/1 cucharadita de levadura en polvo

175 g/6 oz/1 taza de pasas (pasas doradas)

120 ml/4 fl oz/½ taza de leche

6 bizcochos (cookies) normales, triturados

100 g/4 oz/½ taza de azúcar moreno suave

100 g/4 oz/1 taza de coco desecado (rallado)

Mezcle la mantequilla o margarina y el azúcar glas hasta que esté suave y aireada. Agrega poco a poco dos de los huevos, luego agrega la harina, la levadura y las pasas alternativamente con la leche. Vierta la mitad de la mezcla en un molde para pan (molde) de 450 g/1 lb engrasado y forrado. Mezclar el huevo restante con la galleta, el azúcar moreno y el coco y espolvorear en la sartén. Vierta el resto de la mezcla y cocine en el horno precalentado a 180 °C/350 °F/termostato 4 durante 1 hora. Deje enfriar en el molde durante 30 minutos, luego colóquelo sobre una rejilla para terminar de enfriar.

Tarta de coco y limón

Hace un pastel de 20 cm

100 g/4 oz/½ taza de mantequilla o margarina, ablandada

75 g/3 oz/1/3 taza de azúcar moreno suave

Ralladura de 1 limón

1 huevo batido

Unas gotas de esencia de almendras (extracto)

350 g/12 oz/3 tazas de harina con levadura (con levadura)

60 ml/4 cdas. cucharadas de mermelada de frambuesa (reservar)

Para decoración:

1 huevo batido

75 g/3 oz/1/3 taza de azúcar moreno suave

225 g/8 oz/2 tazas de coco desecado (rallado)

Mezcle la mantequilla o margarina, el azúcar y la ralladura de limón hasta que quede suave y esponjosa. Agrega poco a poco los huevos y la esencia de almendras, luego agrega la harina. Verter la mezcla en un molde para bizcocho engrasado y forrado de 20 cm de diámetro. Vierte la mermelada sobre la mezcla. Batir los ingredientes para la cobertura y esparcirlos sobre la mezcla. Hornee en un horno precalentado a 180 °C/350 °F/termostato de gas 4 durante 30 minutos hasta que esté elástico al tacto. Déjalo enfriar en el formulario.

Pastel de coco de año nuevo

Hace una tarta de 18 cm.

100 g/4 oz/½ taza de mantequilla o margarina, ablandada

100 g/4 oz/½ taza de azúcar en polvo (súper fina)

2 huevos, ligeramente batidos

75 g/3 oz/¾ taza de harina común (para todo uso)

45 ml/3 cucharadas. cucharada de coco desecado (rallado)

30 ml/2 cucharadas de ron

Unas gotas de esencia de almendras (extracto)

Unas gotas de esencia de limón (extracto)

Batir la mantequilla y el azúcar hasta que estén suaves y esponjosos. Agrega poco a poco los huevos, luego agrega la harina y el coco. Agrega el ron y las esencias. Vierta en un molde para pasteles de 18 cm/7 cm engrasado y forrado y nivele la superficie. Hornee en el horno precalentado a 190 °C/375 °F/termostato 5 durante 45 minutos, hasta que al insertar un palillo en el centro éste salga limpio. Déjalo enfriar en el formulario.

Pastel de pasas de coco

Hace una tarta de 23 cm.

100 g/4 oz/½ taza de mantequilla o margarina, ablandada

175 g/6 oz/¾ taza de azúcar en polvo (superfina)

2 huevos, ligeramente batidos

175 g/6 oz/1½ tazas de harina común (para todo uso)

5 ml/1 cucharadita de levadura en polvo

Una pizca de sal

175 g/6 oz/1 taza de pasas (pasas doradas)

120 ml/4 fl oz/½ taza de leche

Para el llenado:

1 huevo, ligeramente batido

50 g/2 oz/½ taza de migas de galleta normal

100 g/4 oz/½ taza de azúcar moreno suave

100 g/4 oz/1 taza de coco desecado (rallado)

Mezcle la mantequilla o margarina y el azúcar glas hasta que esté suave y aireada. Agrega poco a poco los huevos. Agrega la harina, el polvo para hornear, la sal y las pasas con suficiente leche para obtener una consistencia suave. Vierta la mitad de la mezcla en un molde para pasteles engrasado de 23 cm/9 cm. Mezcle los ingredientes de la cobertura y vierta sobre la mezcla, luego cubra con la mezcla para pastel restante. Hornee en un horno precalentado a 180 °C/350 °F/termostato de gas 4 durante 1 hora hasta que esté elástico al tacto y comience a encogerse de los lados del molde. Déjalo enfriar en el molde antes de sacarlo.

Tarta crujiente de nueces

Hace una tarta de 23 cm.

225 g/8 oz/1 taza de mantequilla o margarina, ablandada

225 g/8 oz/1 taza de azúcar en polvo (súper fina)

2 huevos, ligeramente batidos

225 g/8 oz/2 tazas de harina común (para todo uso)

2,5 ml/½ cucharadita de levadura en polvo (levadura en polvo)

2,5 ml/½ cucharadita de crémor tártaro

200 ml/7 fl oz/pequeño 1 taza de leche

Para decoración:
100 g/4 oz/1 taza de nueces mixtas picadas

100 g/4 oz/½ taza de azúcar moreno suave

5ml/1 cdta. cucharadita de canela molida

Mezcle la mantequilla o margarina y el azúcar glas hasta que esté suave y aireada. Agrega poco a poco los huevos, luego agrega la harina, la levadura en polvo y el crémor tártaro alternativamente con la leche. Vierta en un molde para pasteles de 23 cm/9 cm engrasado y forrado. Mezclar las nueces, el azúcar y la canela y espolvorear la parte superior del bizcocho. Hornee en un horno precalentado a 180 ° C / 350 ° F / marca de gas 4 durante 40 minutos hasta que se doren y se encojan de los lados del molde. Deje enfriar en el molde durante 10 minutos, luego colóquelo sobre una rejilla para terminar de enfriar.

Pastel mixto de nueces

Hace una tarta de 23 cm.

100 g/4 oz/½ taza de mantequilla o margarina, ablandada

225 g/8 oz/1 taza de azúcar en polvo (súper fina)

1 huevo batido

225 g/8 oz/2 tazas de harina con levadura (con levadura)

10 ml/2 cucharaditas de levadura en polvo

Una pizca de sal

250 ml/8 fl oz/1 taza de leche

5 ml/1 cucharadita de esencia de vainilla (extracto)

2,5 ml/½ cucharadita de esencia de limón (extracto)

100 g/4 oz/1 taza de nueces mixtas picadas

Batir la mantequilla o margarina y el azúcar hasta que estén suaves y esponjosos. Agrega poco a poco el huevo. Mezclar la harina, la levadura y la sal y agregar la mezcla alternativamente con la leche y las esencias. Agrega las nueces. Divida en dos moldes para pastel de 23 cm/9 cm engrasados y forrados y hornee en un horno precalentado a 180 °F/350 °F/termostato 4 durante 40 minutos, hasta que al insertar un palillo en el centro, éste salga limpio.

pastel de nueces griego

Rinde un pastel de 25 cm/10 pulgadas

100 g/4 oz/½ taza de mantequilla o margarina, ablandada

225 g/8 oz/1 taza de azúcar en polvo (súper fina)

3 huevos, ligeramente batidos

250 g/9 oz/2¼ tazas de harina común (para todo uso)

225 g/8 oz/2 tazas de nueces molidas

10 ml/2 cucharaditas de levadura en polvo

5ml/1 cdta. cucharadita de canela molida

1,5 ml/¼ cucharadita. cucharadita de clavo machacado

Una pizca de sal

75 ml/5 cucharadas de leche

Para el almíbar de miel:

175 g/6 oz/¾ taza de azúcar en polvo (superfina)

75 g/3 oz/¼ taza de miel clara

15 ml/1 cucharada de jugo de limón

250 ml/8 fl oz/1 taza de agua hirviendo

Batir la mantequilla o margarina y el azúcar hasta que estén suaves y esponjosos. Agrega poco a poco los huevos, luego agrega la harina, las nueces, la levadura en polvo, las especias y la sal. Agregue la leche y mezcle hasta que quede suave. Vierta en un molde para pastel de 25 cm/10 engrasado y enharinado y hornee en un horno precalentado a 180 °C/350 °F/termostato 4 durante 40 minutos, hasta que esté elástico al tacto. Deje enfriar en el molde durante 10 minutos y luego transfiéralo a una rejilla.

Para hacer el almíbar, combine el azúcar, la miel, el jugo de limón y el agua y caliente hasta que se disuelva. Pinche todo el pastel tibio con un tenedor y luego vierta el almíbar de miel.

Tarta de nueces glaseada

Hace una tarta de 18 cm.

100 g/4 oz/½ taza de mantequilla o margarina, ablandada

100 g/4 oz/½ taza de azúcar en polvo (súper fina)

2 huevos, ligeramente batidos

100 g/4 oz/1 taza de harina con levadura (con levadura)

100 g/4 oz/1 taza de nueces picadas

Una pizca de sal

Para el glaseado (glaseado):
450 g/1 lb/2 tazas de azúcar granulada

150 ml/¼ pt/2/3 taza de agua

2 claras de huevo

Unas mitades de nueces para decorar

Mezcle la mantequilla o margarina y el azúcar glas hasta que esté suave y aireada. Agrega poco a poco los huevos, luego agrega la harina, las nueces y la sal. Divida la mezcla entre dos moldes para pasteles (moldes) de 7/18 cm engrasados y forrados y hornee en un horno precalentado a 180 ° C / 350 ° F / marca de gas 4 durante 25 minutos hasta que suba y esté suave. Dejar enfriar.

Disuelva el azúcar granulada en el agua a fuego lento, revolviendo constantemente, luego hierva y continúe hirviendo sin revolver hasta que una gota de la mezcla forme una bola suave al caer en el agua fría. Mientras tanto, bata las claras en un bol limpio hasta que estén firmes. Vierta el almíbar sobre las claras y bata hasta que la mezcla esté lo suficientemente espesa como para cubrir el dorso de una cuchara. Coloque los pasteles en un sándwich con una capa de glaseado, luego extienda el resto sobre la parte superior y los lados del pastel y decore con mitades de nueces.

Tarta de nueces con crema de chocolate

Hace una tarta de 18 cm.

3 huevos

75 g/3 oz/1/3 taza de azúcar moreno suave

50 g/2 oz/½ taza de harina integral (integral)

25 g/1 oz/¼ taza de cacao en polvo (chocolate sin azúcar)

Para el glaseado (glaseado):
150 g/5 oz/1¼ tazas de chocolate natural (semidulce)

225 g/8 oz/1 taza de queso crema bajo en grasa

45 ml/3 cucharadas. cucharadas de azúcar glas (de confitería) de azúcar, tamizada

75 g/3 oz/¾ taza de nueces picadas

15ml/1 cdta. cucharada de coñac (opcional)

Chocolate rallado para decorar

Batir el huevo y el azúcar hasta que estén pálidos y espesos. Agrega la harina y el cacao. Divida la mezcla entre dos moldes para sándwich de 7/18 cm engrasados y forrados y hornee en un horno precalentado a 190 °C/375 °F/termostato 5 durante 15-20 minutos, hasta que esté bien levado y suave al tacto. Retirar de los moldes y dejar enfriar.

Derrita el chocolate en un recipiente resistente al calor sobre una olla con agua hirviendo. Retire del fuego y agregue el queso crema y el azúcar en polvo, luego agregue las nueces y el brandy, si lo usa. Sandwich los bizcochos con la mayor parte del relleno y esparcir el resto encima. Adorne con chocolate rallado.

Pastel de miel, canela y nueces

Hace una tarta de 23 cm.

225 g/8 oz/2 tazas de harina común (para todo uso)

10 ml/2 cucharaditas de levadura en polvo

5 ml/1 cucharadita de levadura en polvo (levadura en polvo)

5ml/1 cdta. cucharadita de canela molida

Una pizca de sal

100 g/4 oz/1 taza de yogur natural

75 ml/5 cucharadas de aceite

100 g/4 oz/1/3 taza de miel clara

1 huevo, ligeramente batido

5 ml/1 cucharadita de esencia de vainilla (extracto)

Para el llenado:

50 g/2 oz/½ taza de nueces picadas

225 g/8 oz/1 taza de azúcar moreno suave

10 ml/2 cdas. cucharadita de canela molida

30 ml/2 cucharadas de aceite

Mezclar los ingredientes secos para el bizcocho y hacer un hueco en el medio. Mezcle los ingredientes restantes del pastel y mézclelos con los ingredientes secos. Mezclar los ingredientes para el relleno. Vierta la mitad de la mezcla del bizcocho en un molde para bizcocho de 23 cm/9 cm engrasado y enharinado y espolvoree la mitad del relleno encima. Agrega el resto de la mezcla para pastel, luego el resto del relleno. Hornee en un horno precalentado a 180 °C/350 °F/termostato de gas 4 durante 30 minutos hasta que suba y esté dorado y comience a encogerse de los lados del molde.

Barras de miel y almendras

dar 10

15 g/½ oz de levadura fresca o 20 ml/4 cdas. cucharadita de levadura seca

45 ml/3 cucharadas. cucharadas de azúcar en polvo (muy fina)

120 ml/4 fl oz/½ taza de leche tibia

300 g/11 oz/2¾ tazas de harina común (para todo uso)

Una pizca de sal

1 huevo, ligeramente batido

50 g/2 oz/¼ taza de mantequilla o margarina, ablandada

300 ml/½ pt/1¼ tazas de crema doble (espesa)

30 ml/2 cucharadas de azúcar glas (de confitería) tamizada

45 ml/3 cucharadas de miel clara

300g/11oz/2¾ tazas de almendras en hojuelas (picadas)

Mezclar la levadura, 5 ml/1 cda. azúcar en polvo y un poco de leche y dejar en un lugar cálido 20 minutos hasta que esté espumoso. Mezclar el azúcar restante con la harina y la sal y hacer un hueco en el centro. Agregue gradualmente los huevos, la mantequilla o margarina, la mezcla de levadura y el resto de la leche tibia y mezcle hasta obtener una masa suave. Amasar sobre una superficie ligeramente enharinada hasta que quede suave y elástica. Colóquelo en un recipiente engrasado, cubra con film transparente engrasado (film plástico) y déjelo en un lugar cálido durante 45 minutos hasta que doble su tamaño.

Amasar nuevamente la masa, luego extenderla y colocarla en un molde para bizcocho engrasado de 30 x 20 cm/12 x 8, pinchar todo con un tenedor, tapar y dejar reposar en un lugar cálido durante 10 minutos.

Coloque 120 ml/4 fl oz/½ taza de crema, azúcar glas y miel en una cacerola pequeña y deje hervir. Retirar del fuego y agregar las almendras, esparcir sobre la masa y hornear en horno precalentado a 200°C/400°F/termostato 6 durante 20 minutos hasta que esté dorado y elástico al tacto, cubrir con papel pergamino (encerado). si la parte superior comienza a dorarse demasiado antes de que finalice la cocción. Retirar el molde y dejar enfriar.

Corta el bizcocho por la mitad de forma horizontal. Batir el resto de la nata hasta que esté firme y esparcirla por la mitad inferior del bizcocho. Cubra con la mitad del pastel cubierta de almendras y córtelo en barras.

Barritas crujientes de manzana y grosella negra

hacer 12

175 g/6 oz/1½ tazas de harina común (para todo uso)

5 ml/1 cucharadita de levadura en polvo

Una pizca de sal

175 g/6 oz/¾ taza de mantequilla o margarina

225 g/8 oz/1 taza de azúcar moreno suave

100 g/4 oz/1 taza de copos de avena

450 g/1 libra de manzanas hervidas (tartas), peladas, sin corazón y cortadas en rodajas

30 ml/2 cucharadas de maicena (maicena)

10 ml/2 cdas. cucharadita de canela molida

2,5 ml/½ cucharadita de nuez moscada rallada

2,5 ml/½ cucharadita. cucharadita de pimienta de Jamaica molida

225 g de grosellas negras

Mezcle la harina, la levadura y la sal, luego agregue mantequilla o margarina. Agrega el azúcar y la avena. Vierta la mitad en el fondo de un molde para hornear cuadrado de 25 cm/9 engrasado y forrado. Mezclar las manzanas, la maicena y las especias y esparcir por encima. Adorne con grosellas negras. Vierta el resto de la mezcla y nivele la parte superior. Hornee en un horno precalentado a 180 °C/350 °F/termostato de gas 4 durante 30 minutos hasta que esté elástico. Dejar enfriar y luego cortar en barras.

Barritas de albaricoque y avena

hacer 24

75 g/3 oz/½ taza de orejones

25 g/1 oz/3 cucharadas. cucharadas de pasas (pasas doradas)

250 ml/8 fl oz/1 taza de agua

5 ml/1 cucharadita de jugo de limón

150 g/5 oz/2/3 taza de azúcar moreno suave

50 g/2 oz/½ taza de coco desecado (rallado)

50 g/2 oz/½ taza de harina común (para todo uso)

2,5 ml/½ cucharadita de levadura en polvo (levadura en polvo)

100 g/4 oz/1 taza de copos de avena

50 g/2 oz/¼ taza de mantequilla derretida

Agrega los albaricoques, las pasas, el agua, el jugo de limón y 30 ml/2 cdas. Ponga el azúcar moreno en una cacerola pequeña y revuelva a fuego lento hasta que espese. Agrega el coco y deja enfriar. Mezcle la harina, el polvo para hornear, la avena y el azúcar restante, luego agregue la mantequilla derretida, presione la mitad de la mezcla de avena en el fondo de un molde cuadrado engrasado de 20 cm/8 de diámetro y luego extienda la mezcla de albaricoque encima. Cubrir con la mezcla de avena restante y presionar ligeramente. Hornee en horno precalentado a 180 °C/350 °F/termostato de gas 4 durante 30 minutos hasta que se doren. Dejar enfriar y luego cortar en barras.

Crujientes de albaricoque

hacer 16

100 g/4 oz/2/3 taza de orejones listos para comer

120 ml/4 fl oz/½ taza de jugo de naranja

100 g/4 oz/½ taza de mantequilla o margarina

75 g/3 oz/¾ taza de harina integral (integral)

75 g/3 oz/¾ taza de copos de avena

75 g/3 oz/1/3 taza de azúcar demerara

Remojar los albaricoques en el jugo de naranja durante al menos 30 minutos hasta que estén tiernos, luego escurrirlos y picarlos. Frote la mantequilla o margarina con la harina hasta que la mezcla parezca pan rallado. Agrega la avena y el azúcar. Presione la mitad de la mezcla en un molde para pasteles (lata de gelatina) engrasado de 30 x 20 cm/12 x 8 pulgadas y espolvoree con albaricoques. Extienda el resto de la mezcla encima y presione suavemente. Hornee en el horno precalentado a 180 °C/350 °F/termostato 4 durante 25 minutos hasta que se doren. Déjalo enfriar en el molde antes de sacarlo y cortarlo en barritas.

Barras de plátano y nueces

Hace alrededor de 14

50 g/2 oz/¼ taza de mantequilla o margarina, ablandada

75 g/3 oz/1/3 taza de azúcar moreno (súper fina) o azúcar moreno suave

2 plátanos grandes, picados

175 g/6 oz/1½ tazas de harina común (para todo uso)

7,5 ml/1½ cucharadita. cucharadita de polvo para hornear

2 huevos batidos

50 g/2 oz/½ taza de nueces, picadas en trozos grandes

Mezcle la mantequilla o margarina y el azúcar. Tritura los plátanos y agrégalos a la mezcla. Mezclar la harina y el polvo para hornear. Agrega la harina, los huevos y las nueces a la mezcla de plátano y bate bien. Vierta en un molde para pastel de 18 x 28 cm/7 x 11 engrasado y forrado, nivele la superficie y hornee en un horno precalentado a 160 °C/325 °F/termostato de gas 3 durante 30 a 35 minutos hasta que cuaje. tocar. Dejar enfriar unos minutos en el molde y desmoldar sobre una rejilla para que termine de enfriarse. Cortar en aproximadamente 14 barras.

brownies americanos

Hace alrededor de 15

2 huevos grandes

225 g/8 oz/1 taza de azúcar en polvo (súper fina)

50 g/2 oz/¼ taza de mantequilla o margarina, derretida

2,5 ml/½ cucharadita de esencia de vainilla (extracto)

75 g/3 oz/¾ taza de harina común (para todo uso)

45 ml/3 cucharadas de cacao en polvo (chocolate sin azúcar)

2,5 ml/½ cucharadita de levadura en polvo

Una pizca de sal

50 g/2 oz/½ taza de nueces, picadas en trozos grandes

Batir los huevos y el azúcar hasta que estén espesos y cremosos. Agrega la mantequilla y la esencia de vainilla. Tamizar la harina, el cacao, la levadura y la sal y añadir a la mezcla con las nueces. Verter en un molde cuadrado bien engrasado de 20 cm de diámetro. Hornee en un horno precalentado a 180 °C/350 °F/termostato 4 durante 40-45 minutos hasta que esté suave al tacto. Dejar en la sartén durante 10 minutos, luego cortar en cuadritos y transferir a una rejilla mientras aún está caliente.

Brownies de chocolate fudge

Hace alrededor de 16

225 g/8 oz/1 taza de mantequilla o margarina

175 g/6 oz/¾ taza de azúcar granulada

350 g/12 oz/3 tazas de harina con levadura (con levadura)

30 ml/2 cucharadas de cacao en polvo (chocolate sin azúcar)

Para el glaseado (glaseado):
175 g/6 oz/1 taza de azúcar en polvo (para repostería), tamizada

30 ml/2 cucharadas de cacao en polvo (chocolate sin azúcar)

Agua hirviendo

Derrita la mantequilla o la margarina y luego agregue el azúcar glas. Agrega la harina y el cacao. Presione en una lata forrada de 18 x 28 cm/7 x 11. Hornee en el horno precalentado a 180 °C/350 °F/termostato 4 durante unos 20 minutos hasta que esté suave al tacto.

Para hacer el glaseado, tamizamos el azúcar glas y el cacao en un bol y añadimos un chorrito de agua hirviendo. Revuelva hasta que esté bien combinado, agregando una gota o más de agua si es necesario. Congele los brownies mientras aún están calientes (pero no calientes) y déjelos enfriar antes de cortarlos en cuadritos.

Brownies de nueces y chocolate

hacer 12

50 g/2 oz/½ taza de chocolate natural (semidulce)

75 g/3 oz/1/3 taza de mantequilla o margarina

225 g/8 oz/1 taza de azúcar en polvo (súper fina)

75 g/3 oz/¾ taza de harina común (para todo uso)

75 g/3 oz/¾ taza de nueces picadas

50 g/2 oz/½ taza de chispas de chocolate

2 huevos batidos

2,5 ml/½ cucharadita de esencia de vainilla (extracto)

Derrita el chocolate y la mantequilla o margarina en un recipiente resistente al calor sobre una cacerola con agua hirviendo. Retire del fuego y agregue los ingredientes restantes. Vierta en un molde para pastel de 20 cm/8 pulgadas engrasado y forrado y hornee en el horno precalentado a 180°C/350°F/termostato 4 durante 30 minutos, hasta que se inserte un palillo en el El centro sale limpio. Dejar enfriar en el molde y luego cortar en cuadritos.

barras de mantequilla

hacer 16

100 g/4 oz/½ taza de mantequilla o margarina, ablandada

100 g/4 oz/½ taza de azúcar en polvo (súper fina)

1 huevo, separado

100 g/4 oz/1 taza de harina común (para todo uso)

25 g/1 oz/¼ taza de nueces mixtas picadas

Batir la mantequilla o margarina y el azúcar hasta que estén suaves y esponjosos. Agrega la yema de huevo y luego agrega la harina y las nueces hasta hacer una mezcla bastante firme. Si está demasiado firme, agrega un poco de leche; si está líquida añadir un poco más de harina. Vierta la masa en un molde para hornear de 30 x 20 cm/12 x 8 pulgadas engrasado. Batir la clara de huevo hasta que esté espumosa y esparcirla sobre la mezcla. Hornee en un horno precalentado a 180 °C/350 °F/termostato de gas 4 durante 30 minutos hasta que se doren. Dejar enfriar y luego cortar en barras.

Bandeja para horno de caramelo y cerezas

hacer 12

100 g/4 oz/1 taza de almendras

225 g/8 oz/1 taza de cerezas confitadas, partidas por la mitad

225 g/8 oz/1 taza de mantequilla o margarina, ablandada

225 g/8 oz/1 taza de azúcar en polvo (súper fina)

3 huevos batidos

100 g/4 oz/1 taza de harina con levadura (con levadura)

50 g/2 oz/½ taza de almendras molidas

5 ml/1 cucharadita de levadura en polvo

5ml/1 cdta. cucharadita de esencia de almendras (extracto)

Espolvorear almendras y cerezas en el fondo de un molde para bizcocho engrasado y forrado de 20 cm de diámetro. Derrita 50 g/2 oz/¼ taza de mantequilla o margarina con 50 g/2 oz/¼ taza de azúcar, luego vierta sobre las cerezas y las nueces. Batir el resto de la mantequilla o margarina y el azúcar de forma suave y esponjosa, luego incorporar los huevos y mezclar con la harina, la harina de almendras, la levadura y la esencia de almendras, verter la mezcla en el molde y nivelar la parte superior. Hornee en horno precalentado a 160 °C/325 °F/termostato de gas 3 durante 1 hora. Dejar enfriar en el molde durante unos minutos, luego desmoldar con cuidado sobre una rejilla, raspando el relleno del papel de aluminio si es necesario. Deje que se enfríe por completo antes de cortar.

plato con chispas de chocolate

hacer 24

100 g/4 oz/½ taza de mantequilla o margarina, ablandada

100 g/4 oz/½ taza de azúcar moreno suave

50 g/2 oz/¼ taza de azúcar en polvo (superfina)

1 huevo

5 ml/1 cucharadita de esencia de vainilla (extracto)

100 g/4 oz/1 taza de harina común (para todo uso)

2,5 ml/½ cucharadita de levadura en polvo (levadura en polvo)

Una pizca de sal

100 g/4 oz/1 taza de chispas de chocolate

Batir la mantequilla o margarina y el azúcar hasta que esté suave y esponjoso, luego agregar gradualmente los huevos y la esencia de vainilla. Agrega la harina, el bicarbonato de sodio y la sal y agrega las chispas de chocolate. Vierta en un molde cuadrado de 25 cm/12 engrasado y enharinado y hornee en el horno precalentado a 190 °C/375 °F/termostato 2 durante 15 minutos hasta que se dore. Deje enfriar y luego córtelo en cuadritos.

Capa de crumble de canela

hacer 12

Para la base:

100 g/4 oz/½ taza de mantequilla o margarina, ablandada

30 ml/2 cucharadas de miel clara

2 huevos, ligeramente batidos

100 g/4 oz/1 taza de harina común (para todo uso)

Para el crumble:

75 g/3 oz/1/3 taza de mantequilla o margarina

75 g/3 oz/¾ taza de harina común (para todo uso)

75 g/3 oz/¾ taza de copos de avena

5ml/1 cdta. cucharadita de canela molida

50 g/2 oz/¼ taza de azúcar demerara

Mezcle la mantequilla o margarina y la miel hasta que estén suaves y esponjosas. Agrega poco a poco los huevos, luego agrega la harina. Vierta la mitad de la mezcla en un molde para hornear cuadrado de 20 cm/8 pulgadas engrasado y nivele la superficie.

Para hacer el crumble, frote la mantequilla o margarina con la harina hasta que la mezcla parezca pan rallado. Agregue la avena, la canela y el azúcar. Vierta la mitad del crumble en el molde, cubra con el resto de la mezcla para pastel y luego el resto del crumble. Hornee en el horno precalentado a 190 °C/375 °F/termostato 5 durante unos 35 minutos, hasta que al insertar un palillo en el centro, éste salga limpio. Dejar enfriar y luego cortar en barras.

Barras pegajosas de canela

hacer 16

225 g/8 oz/2 tazas de harina común (para todo uso)

10 ml/2 cucharaditas de levadura en polvo

225 g/8 oz/1 taza de azúcar moreno suave

15 ml/1 cucharada de mantequilla derretida

250 ml/8 fl oz/1 taza de leche

30 ml/2 cucharadas de azúcar demerara

10 ml/2 cdas. cucharadita de canela molida

25 g/1 oz/2 cucharadas de mantequilla, fría y cortada en cubitos

Mezclar la harina, la levadura y el azúcar. Agrega la mantequilla derretida y la leche y mezcla bien. Presione la mezcla en dos moldes para pastel cuadrados de 23 cm/9 pulgadas. Espolvorea la parte superior con azúcar demerara y canela, luego presiona trozos de mantequilla sobre la superficie. Hornee en horno precalentado a 180 °C/350 °F/termostato de gas 4 durante 30 minutos. La mantequilla creará agujeros en la mezcla y se volverá pegajosa cuando se cocine.

barras de coco

hacer 16

75 g/3 oz/1/3 taza de mantequilla o margarina

100 g/4 oz/1 taza de harina común (para todo uso)

30 ml/2 cucharadas de azúcar en polvo (superfina)

2 huevos

100 g/4 oz/½ taza de azúcar moreno suave

Una pizca de sal

175 g/6 oz/1½ tazas de coco desecado (rallado)

50 g/2 oz/½ taza de nueces mixtas picadas

glaseado de naranja

Frote la mantequilla o margarina con la harina hasta que la mezcla parezca pan rallado. Agrega el azúcar y presiona hasta formar un molde cuadrado de 23 cm/9 sin engrasar. Hornee en horno precalentado a 190 °C/350 °F/termostato de gas 4 durante 15 minutos hasta que cuaje.

Mezclar los huevos, el azúcar y la sal, luego agregar el coco y las nueces y esparcir por la base. Hornee por 20 minutos hasta que cuaje y se dore. Escarcha con glaseado de naranja cuando esté frío. Cortar en barras.

Barras de sándwich con coco y mermelada.

hacer 16

25 g/1 oz/2 cucharadas de mantequilla o margarina

175 g/6 oz/1½ tazas de harina con levadura (con levadura)

225 g/8 oz/1 taza de azúcar en polvo (súper fina)

2 yemas de huevo

75 ml/5 cucharadas de agua

175 g/6 oz/1½ tazas de coco desecado (rallado)

4 claras de huevo

50 g/2 oz/½ taza de harina común (para todo uso)

100 g/4 oz/1/3 taza de mermelada de fresa (reservada)

Frote la mantequilla o margarina con la harina con levadura, luego agregue 50 g/2 oz/¼ taza de azúcar, bata las yemas de huevo y 45 ml/3 cucharadas de agua y agregue a la mezcla. Presione en el fondo de un molde para pasteles engrasado de 30 x 20 cm/12 x 8 (molde de gelatina) y pinche con un tenedor. Hornee en horno precalentado a 180 °C/350 °F/termostato de gas 4 durante 12 minutos. Dejar enfriar.

Poner en un cazo el coco, el resto del azúcar y el agua y una clara de huevo y remover a fuego lento hasta que la mezcla espese sin dorarse. Dejar enfriar. Incorpora la harina común, bate las claras de huevo restantes hasta que estén firmes y luego agrega la mezcla. Unte la mermelada en el fondo y luego unte con el relleno de coco. Hornee por 30 minutos hasta que estén dorados. Déjalo enfriar en el molde antes de cortarlo en barras.

Bandeja de dátiles y manzanas

hacer 12

1 manzana para cocinar (pastel), pelada, sin corazón y picada

225 g/8 oz/11/3 tazas de dátiles sin hueso, picados

150 ml/¼ pt/2/3 taza de agua

350 g/12 oz/3 tazas de copos de avena

175 g/6 oz/¾ taza de mantequilla o margarina, derretida

45 ml/3 cucharadas de azúcar demerara

5ml/1 cdta. cucharadita de canela molida

Coloque las manzanas, los dátiles y el agua en una cacerola y cocine a fuego lento durante unos 5 minutos hasta que las manzanas estén tiernas. Dejar enfriar. Mezcla avena, mantequilla o margarina, azúcar y canela. Vierta la mitad en un molde para hornear cuadrado de 20 cm/8 pulgadas engrasado y nivele la superficie. Cubra con la mezcla de manzana y dátiles, luego cubra con la mezcla de avena restante y alise la superficie. Presione suavemente. Hornee en el horno precalentado a 190 °C/375 °F/termostato 5 durante aprox. 30 minutos hasta que se doren. Dejar enfriar y luego cortar en barras.

Rodajas de dátiles

hacer 12

225 g/8 oz/11/3 tazas de dátiles sin hueso, picados

30 ml/2 cucharadas de miel clara

30 ml/2 cucharadas de jugo de limón

225 g/8 oz/1 taza de mantequilla o margarina

225 g/8 oz/2 tazas de harina integral (integral)

225 g/8 oz/2 tazas de copos de avena

75 g/3 oz/1/3 taza de azúcar moreno suave

Saltear los dátiles, la miel y el jugo de limón a fuego lento durante unos minutos hasta que los dátiles estén blandos. Frote la mantequilla o margarina con la harina y la avena hasta que la mezcla parezca pan rallado, luego agregue el azúcar y vierta la mitad de la mezcla en un molde para hornear cuadrado de 20 cm (molde) engrasado y forrado. Vierta la mezcla de dátiles encima y termine con la mezcla restante del pastel. Presione firmemente. Hornee en horno precalentado a 190 °C/375 °F/termostato 5 durante 35 minutos hasta que esté suave al tacto. Deje enfriar en la sartén cortándolo mientras aún está caliente.

Barras de dátiles de la abuela

hacer 16

100 g/4 oz/½ taza de mantequilla o margarina, ablandada

225 g/8 oz/1 taza de azúcar moreno suave

2 huevos, ligeramente batidos

175 g/6 oz/1½ tazas de harina común (para todo uso)

2,5 ml/½ cucharadita de levadura en polvo (levadura en polvo)

5ml/1 cdta. cucharadita de canela molida

Una pizca de clavo molido

Una pizca de nuez moscada rallada

175 g/6 oz/1 taza de dátiles sin hueso (sin hueso), picados

Batir la mantequilla o margarina y el azúcar hasta que estén suaves y esponjosos. Agrega poco a poco los huevos, batiendo bien después de cada adición. Agregue los ingredientes restantes hasta que estén bien combinados. Vierta en un molde cuadrado de 23 cm engrasado y enharinado y hornee en el horno precalentado a 180°C/350°F/termostato 4 durante 25 minutos, hasta que al insertar un palillo en el centro, éste salga limpio. Dejar enfriar y luego cortar en barras.

Barritas de dátil y avena

hacer 16

175 g/6 oz/1 taza de dátiles sin hueso (sin hueso), picados

15 ml/1 cucharada de miel clara

30 ml/2 cucharadas de agua

225 g/8 oz/2 tazas de harina integral (integral)

100 g/4 oz/1 taza de copos de avena

100 g/4 oz/½ taza de azúcar moreno suave

150 g/5 oz/2/3 taza de mantequilla o margarina, derretida

Saltee los dátiles, la miel y el agua en una cacerola pequeña hasta que estén tiernos. Mezclar la harina, la avena y el azúcar, luego agregar la mantequilla o margarina derretida. Presione la mitad de la mezcla en un molde cuadrado engrasado de 18 cm/7 pulgadas, espolvoree con la mezcla de dátiles, luego cubra con la mezcla de avena restante y presione suavemente. Hornee en horno precalentado a 180 °C/350 °F/termostato 4 durante 1 hora hasta que esté firme y dorado. Dejar enfriar en la sartén, cortar en barritas mientras aún está caliente.

Barras de dátiles y nueces

hacer 12

100 g/4 oz/½ taza de mantequilla o margarina, ablandada

150 g/5 oz/2/3 taza de azúcar en polvo (superfina)

1 huevo, ligeramente batido

100 g/4 oz/1 taza de harina con levadura (con levadura)

225 g/8 oz/11/3 tazas de dátiles sin hueso, picados

100 g/4 oz/1 taza de nueces picadas

15 ml/1 cucharada de leche (opcional)

100 g/4 oz/1 taza de chocolate natural (semidulce)

Batir la mantequilla o margarina y el azúcar hasta que estén suaves y esponjosos. Agrega el huevo, luego la harina, los dátiles y las nueces, añadiendo un poco de leche si la mezcla queda demasiado dura. Vierta en un panecillo suizo de 30 x 20 cm/12 x 8 (molde para hornear) engrasado y hornee en un horno precalentado a 180 °C/350 °F/termostato de gas 4 durante 30 minutos, hasta que haya subido y esté elástico al tacto. Dejar enfriar.

Derrita el chocolate en un recipiente resistente al calor sobre una olla con agua hirviendo. Repartir sobre la mezcla y dejar enfriar y cuajar. Cortar en barras con un cuchillo afilado.

palitos de higo

hacer 16

225 g/8 oz de higos frescos, picados

30 ml/2 cucharadas de miel clara

15 ml/1 cucharada de jugo de limón

225 g/8 oz/2 tazas de harina integral (integral)

225 g/8 oz/2 tazas de copos de avena

225 g/8 oz/1 taza de mantequilla o margarina

75 g/3 oz/1/3 taza de azúcar moreno suave

Deje que los higos, la miel y el jugo de limón hiervan a fuego lento durante 5 minutos. Dejar enfriar un poco. Mezcle la harina y la avena, luego agregue la mantequilla o margarina y agregue el azúcar. Presione la mitad de la mezcla en un molde cuadrado engrasado de 20 cm/8 pulgadas, luego vierta la mezcla de higos encima. Cubrir con la mezcla de pastel restante y presionar bien. Hornee en horno precalentado a 180 °C/350 °F/termostato de gas 4 durante 30 minutos hasta que se doren. Deje enfriar en la sartén y luego córtelo mientras aún está caliente.

Flapjacks

hacer 16

75 g/3 oz/1/3 taza de mantequilla o margarina

50 g/2 oz/3 cucharadas de almíbar dorado (maíz claro)

100 g/4 oz/½ taza de azúcar moreno suave

175 g/6 oz/1½ tazas de copos de avena

Derretir la mantequilla o margarina con el almíbar y el azúcar, luego agregar la avena. Presione en un molde cuadrado engrasado de 20 cm/8 pulgadas y hornee en un horno precalentado a 180 °C/350 °F/termostato de gas 4 durante aproximadamente 10 minutos. 20 minutos hasta que esté ligeramente dorado. Deje que se enfríe un poco antes de cortarlo en barras, luego enfríe completamente en la sartén antes de retirarlo.

Flapjacks de cereza

hacer 16

75 g/3 oz/1/3 taza de mantequilla o margarina

50 g/2 oz/3 cucharadas de almíbar dorado (maíz claro)

100 g/4 oz/½ taza de azúcar moreno suave

175 g/6 oz/1½ tazas de copos de avena

100 g/4 oz/1 taza de cerezas confitadas, picadas

Derrita la mantequilla o margarina con el almíbar y el azúcar, luego agregue la avena y las cerezas. Presione en un molde cuadrado engrasado de 20 cm/8 pulgadas y hornee en un horno precalentado a 180 °C/350 °F/termostato de gas 4 durante aproximadamente 10 minutos. 20 minutos hasta que esté ligeramente dorado. Deje que se enfríe un poco antes de cortarlo en barras, luego enfríe completamente en la sartén antes de retirarlo.

Flaps de chocolate

hacer 16

75 g/3 oz/1/3 taza de mantequilla o margarina

50 g/2 oz/3 cucharadas de almíbar dorado (maíz claro)

100 g/4 oz/½ taza de azúcar moreno suave

175 g/6 oz/1½ tazas de copos de avena

100 g/4 oz/1 taza de chispas de chocolate

Derrita la mantequilla o margarina con el almíbar y el azúcar, luego agregue la avena y las chispas de chocolate. Presione en un molde (molde) cuadrado de 20 cm/8 pulgadas engrasado y hornee en el horno precalentado a 180 °C/350 °F/termostato 4 durante aprox. 20 minutos hasta que esté ligeramente dorado. Deje que se enfríe un poco antes de cortarlo en barras, luego enfríe completamente en la sartén antes de retirarlo.

Flapjacks de frutas

hacer 16

75 g/3 oz/1/3 taza de mantequilla o margarina

100 g/4 oz/½ taza de azúcar moreno suave

50 g/2 oz/3 cucharadas de almíbar dorado (maíz claro)

175 g/6 oz/1½ tazas de copos de avena

75 g/3 oz/½ taza de pasas, pasas u otros frutos secos

Derrita la mantequilla o margarina con el azúcar y el almíbar, luego agregue la avena y las pasas. Presione en un molde cuadrado engrasado de 20 cm/8 pulgadas y hornee en un horno precalentado a 180 °C/350 °F/termostato de gas 4 durante aproximadamente 10 minutos. 20 minutos hasta que esté ligeramente dorado. Deje que se enfríe un poco antes de cortarlo en barras, luego enfríe completamente en la sartén antes de retirarlo.

Flaps de frutas y nueces

hacer 16

75 g/3 oz/1/3 taza de mantequilla o margarina

100 g/4 oz/1/3 taza de miel clara

50 g/2 oz/1/3 taza de pasas

50 g/2 oz/½ taza de nueces picadas

175 g/6 oz/1½ tazas de copos de avena

Derretir la mantequilla o margarina con la miel a fuego lento. Agrega las pasas, las nueces y la avena y mezcla bien. Vierta en un molde cuadrado engrasado de 23 cm/9 y hornee en el horno precalentado a 180 °C/350 °F/termostato 4 durante 25 minutos. Dejar enfriar en la sartén, cortar en barritas mientras aún está caliente.

Flapjacks de jengibre

hacer 16

75 g/3 oz/1/3 taza de mantequilla o margarina

100 g/4 oz/½ taza de azúcar moreno suave

50 g/2 oz/3 cucharadas de almíbar de un frasco de jengibre de tallo

175 g/6 oz/1½ tazas de copos de avena

4 trozos de jengibre de tallo, finamente picado

Derrita la mantequilla o margarina con el azúcar y el almíbar, luego agregue la avena y el jengibre. Presione en un molde (molde) cuadrado de 20 cm/8 pulgadas engrasado y hornee en el horno precalentado a 180 °C/350 °F/termostato 4 durante aprox. 20 minutos hasta que esté ligeramente dorado. Deje que se enfríe un poco antes de cortarlo en barras, luego enfríe completamente en la sartén antes de retirarlo.

Flapjacks de avellana

hacer 16

75 g/3 oz/1/3 taza de mantequilla o margarina

50 g/2 oz/3 cucharadas de almíbar dorado (maíz claro)

100 g/4 oz/½ taza de azúcar moreno suave

175 g/6 oz/1½ tazas de copos de avena

100 g/4 oz/1 taza de nueces mixtas picadas

Derrita la mantequilla o margarina con el almíbar y el azúcar, luego agregue la avena y las nueces. Presione en un molde (molde) cuadrado de 20 cm/8 pulgadas engrasado y hornee en el horno precalentado a 180 °C/350 °F/termostato 4 durante aprox. 20 minutos hasta que esté ligeramente dorado. Deje que se enfríe un poco antes de cortarlo en barras, luego enfríe completamente en la sartén antes de retirarlo.

galletas de mantequilla de limón

hacer 16

100 g/4 oz/1 taza de harina común (para todo uso)

100 g/4 oz/½ taza de mantequilla o margarina, ablandada

75 g/3 oz/½ taza de azúcar en polvo, tamizada

2,5 ml/½ cucharadita de levadura en polvo

Una pizca de sal

30 ml/2 cucharadas de jugo de limón

10 ml/2 cdas. cucharadita de piel de limón rallada

Mezclar la harina, la mantequilla o margarina, el azúcar glas y la levadura en polvo. Presione en un molde cuadrado engrasado de 9/23 cm y hornee en el horno precalentado a 180 °C/350 °F/termostato 4 durante 20 minutos.

Mezclar los ingredientes restantes y batir hasta que estén suaves y esponjosos. Vierta sobre la base caliente, reduzca la temperatura del horno a 160 °C/325 °F/termostato de gas 3 y vuelva a meterlo en el horno durante 25 minutos más, hasta que esté elástico al tacto. Deje enfriar y luego córtelo en cuadritos.

Cuadritos de moca y coco

dar 20

1 huevo

100 g/4 oz/½ taza de azúcar en polvo (súper fina)

100 g/4 oz/1 taza de harina común (para todo uso)

10 ml/2 cucharaditas de levadura en polvo

Una pizca de sal

75 ml/5 cucharadas de leche

75 g/3 oz/1/3 taza de mantequilla o margarina, derretida

15 ml/1 cucharada de cacao en polvo (chocolate sin azúcar)

2,5 ml/½ cucharadita de esencia de vainilla (extracto)

Para decoración:

75 g/3 oz/½ taza de azúcar en polvo, tamizada

50 g/2 oz/¼ taza de mantequilla o margarina, derretida

45 ml/3 cucharadas de café negro fuerte y caliente

15 ml/1 cucharada de cacao en polvo (chocolate sin azúcar)

2,5 ml/½ cucharadita de esencia de vainilla (extracto)

25 g/1 oz/¼ taza de coco desecado (rallado)

Batir los huevos y el azúcar hasta que estén suaves y esponjosos. Agrega la harina, la levadura en polvo y la sal alternativamente con la leche y la mantequilla o margarina derretida. Agrega el cacao y la esencia de vainilla. Vierta la mezcla en un molde para pastel cuadrado de 20 cm/8 pulgadas engrasado y hornee en un horno precalentado a 200 °C/400 °F/termostato 6 durante 15 minutos, hasta que esté bien levantado y suave.

Para el relleno se mezcla azúcar glas, mantequilla o margarina, café, cacao y esencia de vainilla. Extender sobre el pastel tibio y espolvorear con coco. Dejamos enfriar en el molde, sacamos el molde y lo cortamos en cuadritos.

Hola muñecas Dolly

hacer 16

100 g/4 oz/½ taza de mantequilla o margarina

100 g/4 oz/1 taza de galletas digestivas

(galleta graham) migas

100 g/4 oz/1 taza de chispas de chocolate

100 g/4 oz/1 taza de coco desecado (rallado)

100 g/4 oz/1 taza de nueces picadas

400g/14oz/1 lata grande de leche condensada

Derrita la mantequilla o la margarina y agregue las migas de galleta. Presione la mezcla en el fondo de un molde para pasteles (molde) engrasado y forrado con papel de aluminio de 28 x 18 cm/11 x 7. Espolvorea con chispas de chocolate, luego coco y finalmente nueces. Vierta la leche condensada encima y hornee en el horno precalentado a 180°C/350°F/termostato 4 durante 25 minutos. Córtelo en barras mientras aún esté caliente y luego déjelo enfriar por completo.

Barras de coco, chocolate y nueces

hacer 12

75 g/3 oz/¾ taza de chocolate con leche

75 g/3 oz/¾ taza de chocolate natural (semidulce)

75 g/3 oz/1/3 taza de mantequilla de maní crujiente

75 g/3 oz/¾ taza de migas de galleta digestiva (galletas Graham)

75 g/3 oz/¾ taza de nueces trituradas

75 g/3 oz/¾ taza de coco desecado (rallado)

75 g/3 oz/¾ taza de chocolate blanco

Derrita el chocolate con leche en un recipiente resistente al calor sobre una cacerola con agua hirviendo. Extender sobre el fondo de un molde cuadrado de 23 cm/7 y dejar reposar.

Derrita suavemente el chocolate amargo y la mantequilla de maní a fuego lento, luego agregue las migas de galleta, las nueces y el coco, extienda sobre el chocolate cuajado y refrigere hasta que cuaje.

Derrita el chocolate blanco en un recipiente resistente al calor sobre una cacerola con agua hirviendo. Rocíe los pasteles siguiendo un patrón, luego déjelos reposar antes de cortarlos en barras.

Cuadritos de avellana

hacer 12

75 g/3 oz/¾ taza de chocolate natural (semidulce)

50 g/2 oz/¼ taza de mantequilla o margarina

100 g/4 oz/½ taza de azúcar en polvo (súper fina)

2 huevos

5 ml/1 cucharadita de esencia de vainilla (extracto)

75 g/3 oz/¾ taza de harina común (para todo uso)

2,5 ml/½ cucharadita de levadura en polvo

100 g/4 oz/1 taza de nueces mixtas picadas

Derrita el chocolate en un recipiente resistente al calor sobre una olla con agua hirviendo. Agrega la mantequilla hasta que se derrita, luego agrega el azúcar, retira del fuego y agrega los huevos y la esencia de vainilla. Agrega la harina, la levadura y las nueces. Vierta la mezcla en un molde cuadrado de 25 cm/10 engrasado y hornee en el horno precalentado a 180 °C/350 °F/termostato 4 durante 15 minutos hasta que se dore. Cortar en cuadritos pequeños mientras aún está caliente.

Rodajas de nuez y naranja

hacer 16

375 g/13 oz/3¼ tazas de harina común (para todo uso)

275 g/10 oz/1¼ tazas de azúcar en polvo (superfina)

5 ml/1 cucharadita de levadura en polvo

75 g/3 oz/1/3 taza de mantequilla o margarina

2 huevos batidos

175 ml/6 fl oz/¾ taza de leche

200 g/7 oz/1 lata pequeña de mandarinas, escurridas y picadas en trozos grandes

100 g/4 oz/1 taza de nueces pecanas, picadas

Piel de 2 naranjas finamente rallada

10 ml/2 cdas. cucharadita de canela molida

Mezcle 325 g/12 oz/3 tazas de harina, 225 g/8 oz/1 taza de azúcar y el polvo para hornear. Derrita 50 g/2 oz/¼ taza de mantequilla o margarina y agregue los huevos y la leche. Mezcle suavemente el líquido con los ingredientes secos hasta que quede suave. Agregue las mandarinas, las nueces pecanas y la ralladura de naranja y vierta en una lata (molde) de 30 x 20 cm/12 x 8 engrasada y forrada. Frote el resto de la harina, el azúcar, la mantequilla y la canela y espolvoree sobre el bizcocho. Hornee en el horno precalentado a 180 °C/350 °F/termostato 4 durante 40 minutos hasta que se doren. Dejar enfriar en el molde y luego cortar en aproximadamente 16 rodajas.

Estacionamiento

Hace 16 cuadrados

100 g/4 oz/½ taza de manteca de cerdo (manteca vegetal)

100 g/4 oz/½ taza de mantequilla o margarina

75 g/3 oz/1/3 taza de azúcar moreno suave

100 g/4 oz/1/3 taza de almíbar dorado (maíz claro)

100 g/4 oz/1/3 taza de melaza (melaza)

10 ml/2 cucharaditas de levadura en polvo (levadura en polvo)

150 ml/¼ pt/2/3 taza de leche

225 g/8 oz/2 tazas de harina integral (integral)

225 g/8 oz/2 tazas de copos de avena

10 ml/2 cdas. cucharadita de jengibre molido

2,5 ml/½ cucharadita de sal

Derrita la manteca de cerdo, la mantequilla o margarina, el azúcar, el almíbar y la melaza en una cacerola. Disuelve el bicarbonato de sodio en la leche y mezcla en la sartén con el resto de los ingredientes. Vierta en un molde cuadrado de 20 cm/8 pulgadas engrasado y forrado y hornee en el horno precalentado a 160 °C/325 °F/termostato 3 durante 1 hora hasta que cuaje. Puede flotar en el medio. Deje enfriar, luego guárdelo en un recipiente hermético durante unos días antes de cortarlo en cuadritos y servir.

Barras de mantequilla de cacahuete

hacer 16

100 g/4 oz/1 taza de mantequilla o margarina

175 g/6 oz/1¼ tazas de harina común (para todo uso)

175 g/6 oz/¾ taza de azúcar moreno suave

75 g/3 oz/1/3 taza de mantequilla de maní

Una pizca de sal

1 yema de huevo pequeña, batida

2,5 ml/½ cucharadita de esencia de vainilla (extracto)

100 g/4 oz/1 taza de chocolate natural (semidulce)

50 g/2 oz/2 tazas de granos de arroz inflado

Frote la mantequilla o margarina con la harina hasta que la mezcla parezca pan rallado. Agrega el azúcar, 30 ml/2 cucharadas de mantequilla de maní y la sal, agrega la yema de huevo y la esencia de vainilla y mezcla hasta que se combinen. Presione en una lata (molde) cuadrada de 25 cm / 10 pulgadas. Hornee en un horno precalentado a 160 °C/325 °F/termostato 3 durante 30 minutos hasta que suba y esté suave al tacto.

Derrita el chocolate en un recipiente resistente al calor sobre una olla con agua hirviendo. Retire del fuego y agregue el resto de la mantequilla de maní, agregue el cereal y mezcle bien hasta que esté cubierto con la mezcla de chocolate. Vierte sobre el bizcocho y nivela la superficie. Deje enfriar, luego refrigere y córtelo en barras.

Rebanadas de picnic

hacer 12

225 g/8 oz/2 tazas de chocolate natural (semidulce)

50 g/2 oz/¼ taza de mantequilla o margarina, ablandada

100 g/4 oz/½ taza de azúcar en polvo

1 huevo, ligeramente batido

100 g/4 oz/1 taza de coco desecado (rallado)

50 g/2 oz/1/3 taza de pasas (pasas doradas)

50 g/2 oz/¼ taza de cerezas confitadas, picadas

Derrita el chocolate en un recipiente resistente al calor sobre una olla con agua hirviendo. Vierta en el fondo de un molde para pasteles (molde de gelatina) engrasado y forrado de 30 x 20 cm/12 x 8. Batir la mantequilla o margarina y el azúcar hasta que estén suaves y esponjosos. Agrega poco a poco el huevo, luego agrega el coco, las pasas y las cerezas, unta sobre el chocolate y hornea en el horno precalentado a 150°C/300°F/termostato 3 durante 30 minutos hasta que se dore. Dejar enfriar y luego cortar en barras.

Barras de coco y piña

dar 20

1 huevo

100 g/4 oz/½ taza de azúcar en polvo (súper fina)

75 g/3 oz/¾ taza de harina común (para todo uso)

5 ml/1 cucharadita de levadura en polvo

Una pizca de sal

75 ml/5 cucharadas de agua

Para decoración:
200 g/7 oz/1 lata pequeña de piña, escurrida y picada

25 g/1 oz/2 cucharadas de mantequilla o margarina

50 g/2 oz/¼ taza de azúcar en polvo (superfina)

1 yema de huevo

25 g/1 oz/¼ taza de coco desecado (rallado)

5 ml/1 cucharadita de esencia de vainilla (extracto)

Batir los huevos y el azúcar hasta que estén suaves y pálidos. Agrega la harina, la levadura en polvo y la sal alternando con el agua. Vierta en un molde para pastel cuadrado de 18 cm/7 engrasado y enharinado y hornee en un horno precalentado a 200 °C/400 °F/termostato 6 durante 20 minutos, hasta que esté bien levado y elástico al tacto. Vierte la piña sobre el hot cake. Calienta los ingredientes restantes del relleno en una cacerola pequeña a fuego lento, revolviendo constantemente, hasta que la mezcla esté bien combinada sin dejar que hierva. Vierte sobre la piña y regresa el bizcocho al horno por 5 minutos más hasta que la cobertura esté dorada. Deje enfriar durante 10 minutos en el molde, luego colóquelo sobre una rejilla para terminar de enfriar antes de cortarlo en barras.

Pastel de ciruela

hacer 16

15 g/½ oz de levadura fresca o 20 ml/4 cdas. cucharadita de levadura seca

50 g/2 oz/¼ taza de azúcar en polvo (superfina)

150 ml/¼ pt/2/3 taza de leche tibia

50 g/2 oz/¼ taza de mantequilla o margarina, derretida

1 huevo

1 yema de huevo

250 g/9 oz/2¼ tazas de harina común (para todo uso)

5ml/1 cdta. cucharadita de piel de limón finamente rallada

675 g/1½ lb de ciruelas, cortadas en cuartos y sin hueso (sin hueso)

Flormelis (dulce), tamizada, para espolvorear

canela molida

Mezclar la levadura con 5 ml/1 cdta. azúcar y un poco de leche tibia y dejar en un lugar cálido 20 minutos hasta que esté espumoso. Batir el resto del azúcar y la leche con la mantequilla o margarina derretida, el huevo y la yema. Mezclar la harina y la ralladura de limón en un bol y hacer un hueco en el centro. Agregue gradualmente la mezcla de levadura y la mezcla de huevo para formar una masa suave. Batir hasta que la masa esté muy suave y se empiecen a formar burbujas en la superficie. Presione suavemente sobre un molde cuadrado de 25 cm/10 engrasado y enharinado. Coloca las yemas muy juntas encima de la masa. Cubrir con film transparente engrasado (film transparente) y dejar en un lugar cálido durante 1 hora hasta que doble su tamaño. Colóquelo en un horno precalentado a 200 °C/400 °F/marca de gas 6, luego reduzca inmediatamente la temperatura del horno a 190 °C/375 °F/marca de gas 5 y hornee durante 45 minutos.

Reduzca la temperatura del horno nuevamente a 180°C/350°F/termostato de gas 4 y hornee por 15 minutos más hasta que se doren. Espolvorea el bizcocho con azúcar glass y canela mientras aún esté tibio, déjalo enfriar y córtalo en cuadritos.

www.ingramcontent.com/pod-product-compliance
Lightning Source LLC
Chambersburg PA
CBHW050152130526
44591CB00033B/1283